Ab 7. Schuljahr

Friedhelm Heitmann

Die Hanse

Vom Mittelalter zur Neuzeit

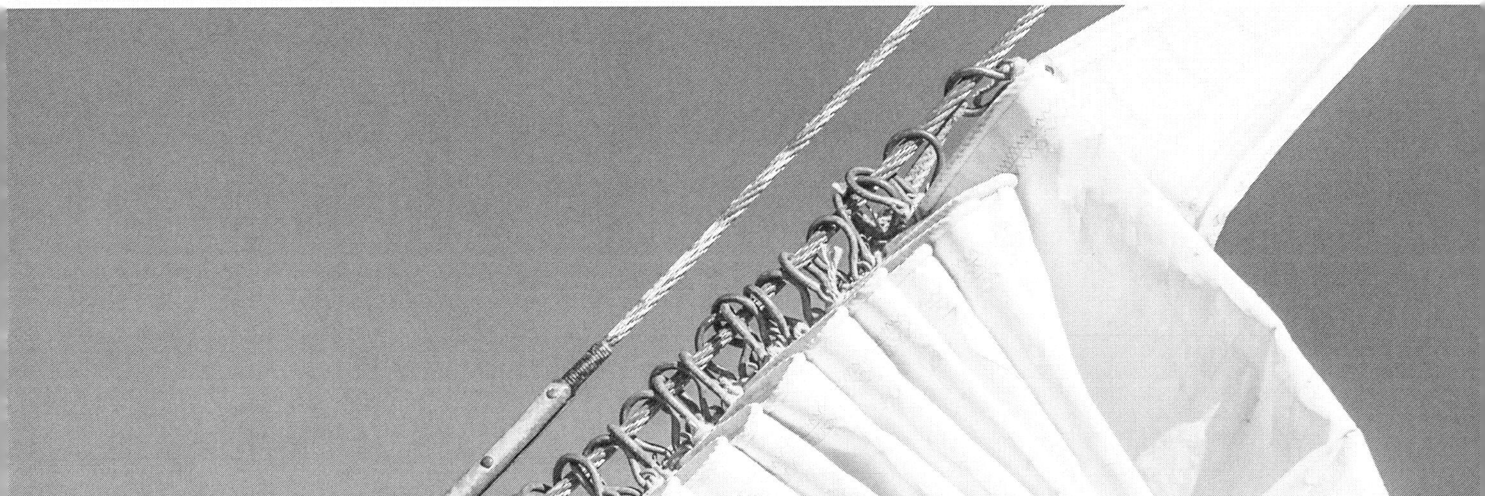

Klar strukturierte Arbeitsblätter für einen informativen Überblick

www.kohlverlag.de

Die Hanse

Vom Mittelalter zur Neuzeit

1. Auflage 2023

Inhalt: Friedhelm Heitmann
Coverbild: © cmfotoworks - AdobeStock.com
Redaktion: Kohl-Verlag
Grafik & Satz: Simone Demler & Kohl-Verlag
Druck: farbo prepress GmbH, Köln

Bestell-Nr. 12 954

ISBN: 978-3-98558-838-1

Bildquellen © AdobeStock.com:

S. 2: © Africa Studio; S. 4: © Florian Kunde; S. 7: © Justinas; S. 10: © Editorial_Use_Only_ Grigory Bruev; S. 12: © Michael Rosskothen; S. 13: © pit24; S. 14: © Good Studio, lineartestpilot, PrintEquipment, j atoons, charactoon, Good Studio; S. 22: © William Perez, dawid kalisinski/EyeEm; S. 24: © Bernd Kröger; S. 27: © Michael Rosskothen; S. 32: © pirie, holger.l.berlin, saiko3p, Michael Rosskothen; S. 37: © matiasdelcarmine, tansy; S. 38: © Lunstream; S. 39: © Michael Rosskothen; S. 40: © Visualmind, Lubo Ivanko; S. 43: © Christian Jung, Gorilla, vvoe, vectorass, Popova Olga, barmalini, Olga Kriger, Björn Wylezich, TanyaJoy, Olena; S. 44: © bmatrix, Lubo Ivanko, kristina rütten, volff, Olaf Wandruschka, Tsareva.pro, Надія Коваль, beats_, anaumenko, Renáta Sedmáková; S. 45: © Glevalex, pilipphoto, Andrea Izzotti, 5second, FiledIMAGE, terex, nicknick_ko, serikbaib, fotofabrika, Timmary; S. 46: © Gustavo Andrade, francescodemarco, Eric Isselée, françoise bro, Serghei Velusceac, soleg, Angel Simon

Bildquellen © Wikipedia.com:

S. 6: © Kogge_stralsund_Herrick; S. 8: © Droysen-Andrée; S. 11: © Flo Beck; S. 17: © de-Benutzer-Ug7t, Gerd-HH; S. 18: © H. R. von Petersen; S. 23: © User-B1mbo and User-Madden, M. Nauerz; S. 24: © User-Bangin; S. 33: © P.L. van Till; S. 34: © panoramio_(3)_qwesy qwesy; Holger.Ellgaard; S. 46: © A7N8X, Mats Halldin, Kuriosikus

Inhalt

Vorwort

Liebe Kolleginnen, liebe Kollegen,

die Hanse ist ein wieder aktuell gewordenes Thema. Aber die Hanse – was war und ist das? Damit befasst sich der vorliegende Band. Dieses Werk behandelt die Geschichte der Hanse und geht schließlich kurz auch auf die Wiederbelebung der Hanse (ab 1980) ein.

Bestimmt ist das Werk in erster Linie für den Einsatz in der Sekundarstufe I an allgemeinbildenden Schulen. Im Band werden grundlegende Kenntnisse sowie Erkenntnisse zum genannten Themenbereich vermittelt. Bereitgehalten werden vielfältige, abwechslungsreiche Informations- und Arbeitsmaterialien. Die Informationstexte sind ganz bewusst in allgemeinverständlicher deutscher Sprache verfasst und jeweils relativ kurz.

Bei der Bearbeitung der Arbeitsblätter werden den Adressaten unterschiedliche Fähigkeiten und/oder Fertigkeiten abverlangt: Textverständnis, Ausdrucksvermögen, Wiedergabe der eigenen Meinung (mit Begründung), Kreativität ...

Sofern Sie etwaige Fehler im Band finden sollten, sei für Hinweise darauf im Voraus gedankt, ebenfalls für sonstige Verbesserungsvorschläge zum dargebotenen Werk. Viel Erfolg beim Einsatz der vorliegenden Kopiervorlagen wünschen Ihnen und Ihrem Schülern der Kohl-Verlag und

Friedhelm Heitmann

Die Hansestadt Lübeck (heute)

Aufgrund der besseren Lesbarkeit wird im Folgenden die männliche Form Schüler bzw. Lehrer verwendet. Gemeint sind damit jedoch sowohl die weiblichen als auch die männlichen Personen.

1 Zur Herkunft und Bedeutung des Wortes Hanse

So manche Wörter stammen aus der griechischen und/oder lateinischen Sprache, dies trifft allerdings nicht auf den Begriff „Hanse“ zu. Dieser Begriff wird hergeleitet aus dem Germanischen und Althochdeutschen: hanso (germ.), hansa (ahd.) = Gruppe, Schar, Gefolge, Menge. Damit gemeint war jeweils eine (bewaffnete) Gruppierung von Menschen, die dieselben oder ähnliche Interessen hatten.

Vor allem ab dem Hochmittelalter bildeten sich Gruppierungen (= Scharen) von Kaufleuten heraus. Diese halfen sich gegenseitig beim Betreiben von Fernhandel. Aus der Kaufmannshanse entwickelte sich mit der Zeit die Städtehanse insbesondere im Nordsee- und Ostseeraum sowie weiteren Gebieten. Die Städtehanse wurde eine Vereinigung von zeitweise etwa 200 Städten.

Das heute noch benutzte Verb „hänseln“ (≈ verspotten) steht im Zusammenhang mit dem Begriff Hanse. Unter „hänseln“ wurde ehemals die Aufnahme (oder eine Aufnahmeprüfung) in die jeweilige Hanse verstanden. Um Mitglied in der Hanse zu werden, galt es für die Personen, unter anderem Mutproben zu bestehen.

Aufgabe: *Ergänze die fehlenden Angaben.*

a) Aus diesen beiden Sprachen kommt der Begriff Hanse:

____

b) Hanse heißt wörtlich übersetzt so viel wie:

____

c) Im Hochmittelalter entstanden:

____

d) Aus der Kaufmannshanse ging hervor:

____

e) Ungefähr so viele Städte gehörten der Städtehanse zeitweise an:

____

f) Ein gleichbedeutendes Wort für „hänseln“ lautet heute:

____

g) Das war damals mit „hänseln“ gemeint:

____

Zwei wesentliche Elemente der Hanse sind auf dem Bild aus dem Hamburger Stadtrecht von 1497 zu sehen:

- im Hintergrund die Hansekoggen;
- im Vordergrund reiche, mit feinen Stoffen und Pelzen bekleidete Kaufleute

2 Bauern, Handwerker und Kaufleute

Aufgabe: *Setze in den nachfolgenden 10 Sätzen jeweils ein passendes Wort als Satzanfang ein.*

a) ______________ mit heute war das Leben im Mittelalter für die große Mehrheit der Bevölkerung (sehr) schwer.

b) ______________ Mitteleuropa arbeiteten die allermeisten Menschen als Bauern, wobei sie in der Regel von ihren Grundherren und Landesherren unterdrückt wurden, die ein komfortables Leben führten.

c) ______________ Laufe der Zeit stieg allmählich der Anteil der Handwerker und Kaufleute (≈ Händler) an.

d) ______________ schlossen sich in Zünften (manchmal auch Einungen genannt) zusammen, manche Kaufleute in Kaufmannsgilden.

e) ______________ Zusammenschlüsse sollten dazu dienen, das Handwerk bzw. den Handel zu fördern.

f) ______________ lokalen und regionalen Handel erweiterten geschäftstüchtige Kaufleute zum Fernhandel.

g) ______________ dies war mit großem Aufwand sowie Schwierigkeiten verbunden.

h) ______________ Reisen mussten sich die betreffenden Kaufleute begeben, um an verschiedenen Orten Waren möglichst kostengünstig einzukaufen und andernorts teuer zu verkaufen.

i) ______________ die Kaufleute bestand die Gefahr, unterwegs überfallen und ausgeraubt zu werden.

j) ______________ kamen im Mittelalter oftmals vor, zumal es damals u. a. keine Institution wie die Polizei gab.

Lösungshilfe (alphabetisch):

Auf – Den – Die – Doch – Für – Handwerker – Im – In – Überfälle – Vergleichen

3 Entstehung der Kaufmannshansen

Im 12. Jahrhundert schlossen sich unter anderem im norddeutschen sowie im niederrheinisch-westfälischen Raum mehr und mehr Kaufleute zusammen. Sie organisierten sich in sogenannten Hansen. Dies geschah zum einen, um sich vor Räubern sowie Piraten zu schützen und um kostengünstiger Handel treiben zu können. Die Zusammenschlüsse erfolgten auch mit der Zielsetzung der Ausdehnung des Handelsraumes.

Positiv für den Handel wirkte sich das allgemeine Bevölkerungswachstum aus. Dabei kam es zur Entstehung neuer Städte und Dörfer, außerdem zur Vergrößerung bereits bestehender Siedlungen. Auf Landwegen und auf dem Wasser nahm der Handel zu. So manche Kaufleute waren bestrebt, durch den Handel immer mehr finanzielle Gewinne zu erzielen. Die einzelnen Hansen verbündeten sich zunächst vor Ort, dann auch regional und schließlich überregional. Von daher spricht man in der Geschichte insgesamt letztlich von der Kaufmannshanse.

Aufgabe: Fragen und Antworten:

Überlege dir und notiere auf dieser Seite 5 Fragen zum vorherigen Text. Überreiche danach das Blatt einem anderen Schüler zur schriftlichen Beantwortung deiner 5 Fragen. Du bekommst von ihm sein Blatt mit seinen Fragen, die du ebenfalls schriftlich beantworten musst. Die Beantwortung der Fragen kann auf der Rückseite oder auf einem Extrablatt erfolgen.

1. Frage:

___

2. Frage:

___

3. Frage:

___

4. Frage:

___

5. Frage:

___

KOHL VERLAG Die Hanse – vom Mittelalter zur Neuzeit - Bestell-Nr. 12 954

4 Die Ausdehnung der Kaufmannshanse

Ab der 2. Hälfte des 12. Jahrhunderts und im weiteren Verlauf gelang es Kaufleuten der Kaufmannshansen, sich an immer mehr Orten im Nordsee- und Ostseeraum Einfluss zu verschaffen und Handelsrechte zu sichern. Handelsniederlassungen der Kaufmannshansen entstanden. So durften sich Kölner Kaufleute in London ab 1157 niederlassen. Norddeutsche Kaufleute bekamen um 1161 die Erlaubnis für eine eigene Niederlassung auf der schwedischen Insel Gotland – und zwar in der dortigen Stadt Visby. Diese Stadt wurde vorübergehend der Mittelpunkt des Handels im Ostseeraum. Um 1191/1192 wurden hansischen Kaufleuten erstmals Handelsrechte in der russischen Stadt Nowgorod zugesichert. Im Jahr 1201 entstand eine Niederlassung hanseatischer Kaufleute in der gegründeten baltischen Stadt Riga …

Die Zusammenarbeit der Kaufmannshansen erfolgte zunehmend intensiver. Die deutschen Kaufleute schafften es mit der Zeit, den Einfluss englischer, flämischer, slawischer, baltischer, russischer, schwedischer, norwegischer und dänischer Kaufleute zurückzudrängen.

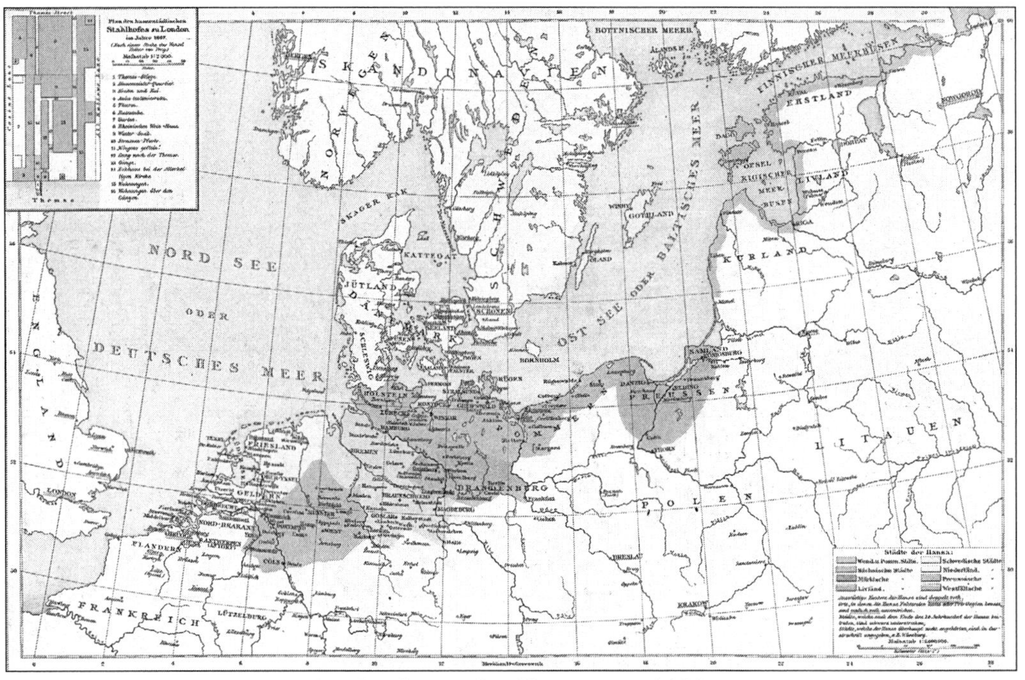

Ausbreitung der Hanse um 1400

Aufgabe: *Was kannst du nunmehr zum Thema Kaufmannshansen sagen? Notiere selbst formulierte Sätze.*

5 Von der Kaufmannshanse zur Städtehanse

Aufgabe: *Setzt im anschließenden Text passende Verben ein. Unten auf der Seite findest du eine Hilfe dazu.*

a) Aus der Kaufmannshanse ____________ sich die Städtehanse – ein Bündnis von Städten (= Städtebund).

b) Ein Datum der Gründung der Städtehanse ist nicht bekannt, eine Gründungsurkunde der Städtehanse ____________ nicht.

c) Die meisten Historiker ____________ ab spätestens Mitte des 14. Jahrhunderts von der (deutschen) Städtehanse.

d) Kaufleuten ____________ es, zunehmend Einfluss auf die Leitung und Verwaltung von Städten zu bekommen.

e) In so manchen Städten wurden führende Kaufleute selbst Ratsherren und konnten somit das Handeln der Städte beeinflussen, wenn nicht sogar ______________.

f) Der Handel zwischen Städten eröffnete und/bzw. verstärkte für die Verantwortlichen die Möglichkeit, große finanzielle Gewinne zu ______________, ja wohlhabend oder reich zu werden.

g) In der Hanse ________________ sich immer mehr die frühe Form des Kapitalismus.

h) Davon ________________ die geschäftstüchtigen Kaufleute (in der Umgangssprache später auch als „Pfeffersäcke“ bezeichnet) sowie die Städte.

i) Die führenden Kaufleute mussten nicht mehr selbst so intensiv Handel treiben, sondern ____________ ihn treiben und steckten dabei trotzdem ihre finanziellen Gewinne ein.

j) Die Städtehanse ____________ ihre Organisation und das Handelsnetz weiter aus.

Jakob Fugger (1459–1525, im Bild rechts, genannt „Der Reiche“) im Kontor mit seinem Hauptbuchhalter Matthäus Schwarz. Im Hintergrund ein Schrank mit Schubladen für Handelsniederlassungen in verschiedenen Städten.

Das reiche Handelshaus der Fugger hatte ein eigenes Handelsnetz und stand in Konkurrenz zur Hanse.

Die Fugger gewannen erst an Bedeutung, als sich die Hanse im Niedergang befand.

Lösungshilfe (alphabetisch):

baute – bestimmen – entwickelte – erzielen – existiert – gelang – ließen – profitierten – sprechen – zeigte

KOHL VERLAG Die Hanse – vom Mittelalter zur Neuzeit - Bestell-Nr. 12 954

6 Waren, mit denen Kaufleute der Hanse handelten

Aufgabe: *Trage die fehlenden Buchstaben ein.*

a) B__rnst__ __n

b) B__ __r

c) F__ss__r

d) F__sch__

e) Fl__chs

f) Fl__ __sch

g) G__tr__ __d__

h) G__w__rz__

i) Gl__s

j) H__nf

k) H__lz

l) H__n__g

m) Kr__ __t__r

Händler beim Wiegen von Ware, Bronzestatue in Minsk, Belarus

n) K__rb__

o) L__d__r

p) M__t__ll__

q) P__ch

r) P__lz__

s) S__lz („das Weiße Gold“)

t) S__ __d__

u) T__ch__r

v) W__chs

w) W__ __hr__ __ch

x) W__ __n

y) W__ll__

KOHL VERLAG Die Hanse – vom Mittelalter zur Neuzeit - Bestell-Nr. 12 954

7 Eine historische Karte übersetzt in die Gegenwart

Aufgabe: *Oben siehst du eine alte Karte von 1539 mit dem Wirtschaftsraum der Hanse. Unten siehst du eine weitere, aber moderne Karte. Was sagt die untere Karte aus? Verfasse einen Text zum wichtigsten Inhalt der Karte. Sprich auch an, welche Städte besonders günstig liegen.*

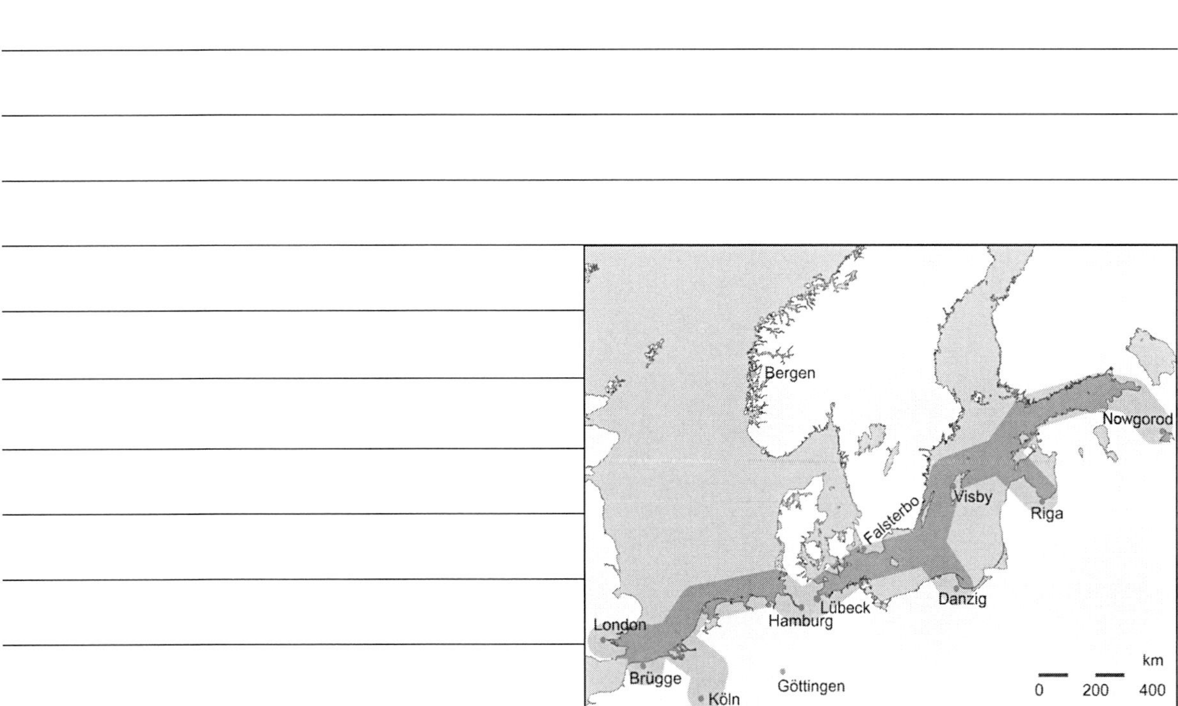

8 Geschichte live: Veits erste große Fahrt

Der 14-jährige Veit ging zum ersten Mal auf eine große Fahrt. Er befand sich in der harten Ausbildung zum Hansekaufmann. Bei sonnigem Wetter startete er an einem frühen Morgen im Juni des Jahres 1309 von Lübeck aus zusammen mit 15 Seeleuten auf einer Kogge zur Handelsreise nach Riga, gelegen in Livland. Der Laderaum des Schiffes war voll beladen mit diversen Handelsgütern.

Im Lauf des Tages segelte die Kogge entlang der Küste Mecklenburgs und kam bei Westwind gut voran. Am Abend legte sich Veit – erschöpft und müde – in seinen „Schlafsack" zwischen den Handelsgütern hin und schlief danach ein.

In der Nacht wurde Veit von einem Seemann energisch geweckt, denn ein Gewitter war aufgekommen und wurde immer heftiger, die Ostsee zunehmend stürmischer. Schon bald peitschten Wasserwellen auf das Deck des Schiffes sowie in den Laderaum. Die Seeleute und Veit waren deshalb damit beschäftigt, das Wasser vom Deck und vor allem aus dem Laderaum zu befördern, mit Hilfe von Besen, Eimern sowie Pumpen. Dann plötzlich bekam die Kogge backbords Schlagseite, das Schiff drohte zu kentern ...

Aufgabe: *Wie könnte die Geschichte weitergehen? Überlege dir eine Fortsetzung der Geschichte. Mache dir zunächst Notizen auf einem Schmierzettel, damit du noch Korrekturen vornehmen kannst. Schreibe anschließend alles hier in Reinschrift auf.*

KOHL VERLAG Die Hanse – vom Mittelalter zur Neuzeit - Bestell-Nr. 12 954

9 Koggen

Aufgabe 1: **a)** *Verbinde jeweils per Linie und gib durch Nennen derselben Nr. vor dem rechten Block an, welcher Satzanfang und welche Satzendung zusammengehören.*

Nr.	Satzanfänge
1	Das heutzutage wahrscheinlich bekannteste
2	Sie sind auf den Siegeln
3	Als Koggen bezeichnet man Segelschiffe
4	Etwa im Zeitraum 1150-1450, so nimmt man an,
5	Die einen Koggen dienten als
6	Später gab es auch Koggen als Kriegsschiffe,
7	Zwar wurden die Koggen nicht
8	Doch typisch für Koggen war in der Regel,
9	Von daher kommt möglicherweise auch die
10	Im Laderaum der Koggen ließen sich für die damalige Zeit

Nr.	Satzendungen
	zahlreicher Hansestädte dargestellt.
	wurden die allermeisten Koggen gebaut.
	einheitlich nach einem Standard hergestellt.
	große Mengen an Waren auf dem Wasser befördern.
	dass sie (relativ) hohe Bordwände sowie eine rundliche (= bauchige) Form hatten.
	der Hanse mit gewöhnlich nur einem Mast.
	Bezeichnung Kogge: kocho, kocha (althochdeutsch); Kogge (mittelniederdeutsch) = Kugel
	sie besaßen u. a. Geschütze an Bord.
	Symbol der Hanse sind die Koggen.
	Handelsschiffe zum Transport von Waren.

b) *Schreibe nun die 10 Sätze in der genannten Reihenfolge vollständig auf einem Extrablatt auf.*

Aufgabe 2: *Besorge dir weitere Informationen zum Thema Hansekoggen (z. B. im Internet). Notiere die wichtigsten erhaltenen Informationen in eigenen Sätzen.*

____

____

____

____

____

____

____

____

10 Ein Spruch der Hanse (Blatt 1)

Man könnte meinen, diese Aussage ist eine Art von Werbung für Hansestädte:

„Lübeck ein Kaufhaus,

Köln ein Weinhaus,

Braunschweig ein Honighaus,

Danzig ein Kornhaus,

Hamburg ein Brauhaus,

Magdeburg ein Backhaus,

Rostock ein Malzhaus,

Lüneburg ein Salzhaus,

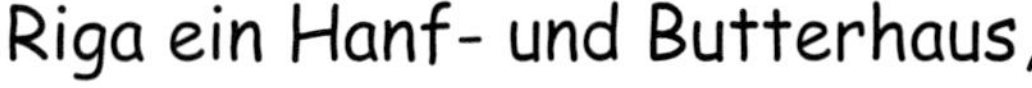

Stettin ein Fischhaus,

Halberstadt ein Frauenhaus,

Riga ein Hanf- und Butterhaus,

Reval ein Flachs- und Wachshaus,

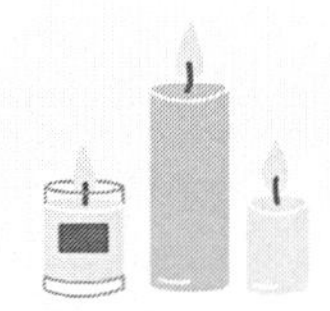

Krakau ein Kupferhaus,

Wisby ein Pech- und Teerhaus."

> Anmerkung: Warum Halberstadt am Hansespruch als „Frauenhaus" bezeichnet wird, lässt sich heutzutage zumindest nicht eindeutig sagen.

Aufgabe 1: *Erläutere, was der Spruch aussagt.*

____

____

____

____

____

____

____

____

KOHL VERLAG Die Hanse – vom Mittelalter zur Neuzeit - Bestell-Nr. 12 954

10 Ein Spruch der Hanse (Blatt 2)

Aufgabe 2: *Informiere dich im Internet oder in einem Atlas. Markiere und beschrifte in der Karte (mit Umrissen gegenwärtiger Länder) die im „Hansespruch“ (siehe Blatt 1) genannten Hansestädte:*

Lübeck – Köln – Braunschweig – Danzig – Hamburg – Magdeburg – Rostock – Lüneburg – Stettin – Halberstadt – Riga – Reval (= Tallinn) – Krakau – Visby (= Wisby)

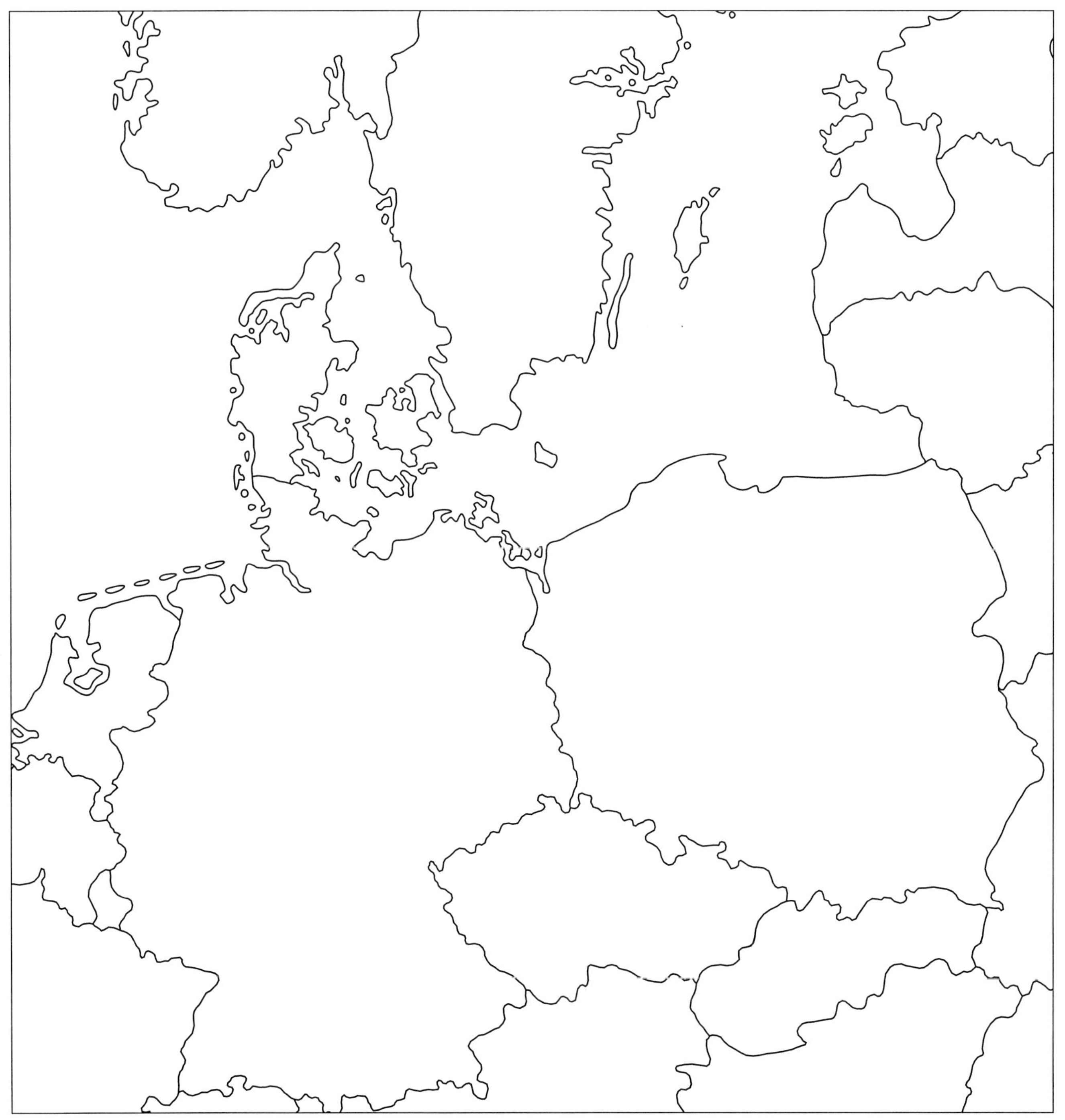

Die Hanse – vom Mittelalter zur Neuzeit - Bestell-Nr. 12 954

KOHL VERLAG

11 Kontore und Faktoreien

Die Hanse verfügte nicht nur innerhalb, sondern auch außerhalb des Heiligen Römischen Reiches Deutscher Nation (HRRDN) über Handelsniederlassungen (= Stützpunkte). Im Ausland bildeten sich 4 bedeutende Handelsniederlassungen der Hanse heraus, ab dem 16. Jahrhundert auch Kontore genannt:

- der Stalhof in London;
- das Kontor in Brügge;
- der Petershof in Nowgorod;
- die Deutsche Brücke („Tyske Brygge") in Bergen

> Der Begriff Kontor lässt sich herleiten von:
> *computare* (lat.) = zusammenrechnen;
> *comptoir* (franz.) = Zahltisch, Ladentisch, Kassenraum

Zwischen diesen 4 weit entfernt gelegenen Handelsniederlassungen erfolgte der Handel per Schiffe. Man kann die 4 genannten Stützpunkte als Eckpfeiler im Handelsnetz der Hanse bezeichnen. Die 4 erwähnten Stützpunkte waren u. a. spezialisiert auf bestimmte Waren: Nowgorod auf Pelze, Bergen auf Stockfische, London auf Wolle, Brügge auf Tücher …

Im Weiteren unterhielt die Hanse etliche kleinere Handelsniederlassungen in Nordeuropa sowie Westeuropa. Die kleineren Handelsniederlassungen wurden ab ca. dem 16. Jahrhundert als Faktoreien[1] bezeichnet.

[1] stammt ab von: *factoria* (lat.) = Geschäft

Aufgabe 1: *Zu welchen Staaten gehören die 4 im vorherigen Text genannten Städte London, Brügge, Nowgorod und Bergen heute?*

____

____

____

Aufgabe 2: *Was waren Kontore?*

____

____

____

Aufgabe 3: *Faktoreien – was waren das?*

____

____

____

Die Deutsche Brücke („Tyske Brygge") in Bergen

12 Land- und Wasserwege

Der Transport der Waren (= Handelsgüter) erfolgte zur Zeit der Hanse auf Land- und Wasserwegen. Fast alle Landwege waren unbefestigt, im Frühjahr und Herbst oft ziemlich weich, wenn nicht sogar schlammig. Die Waren wurden transportiert auf Fuhrwerken – gewöhnlich gezogen von Pferden. Angenommen wird heute: Auf langen Fahrten legten die Fuhrwerke je Tag eine Strecke von ca. 30 km zurück. Um besser vor Überfällen geschützt zu sein, waren die Fuhrwerke häufig in Konvois[1] unterwegs, begleitet von bewaffneten Personen.

Auf dem Wasser beförderte man Waren auf Flüssen und einigen gebauten Kanälen sowie über Meere. An manchen Flüssen und Kanälen wurden Schiffe bzw. Boote getreidelt, das heißt vom Ufer aus mit Hilfe von Tauen/Seilen gezogen. Seeleute auf den Segelschiffen orientierten sich bei den Fahrten übers Meer in den Nächten, sofern nicht Wolken den Himmel verdeckten, anhand des Polarsterns. Auf Hanseschiffen sollen Kompasse erst ab etwa dem 15. Jahrhundert zum Einsatz gekommen sein. Zum Schutz vor Wasser und Wind galt es, die Waren auf den Schiffen sowie Fuhrwerken möglichst gut verpackt zu transportieren.

[1] Das Wort Konvoi stammt ab von: *cum* (lat.) = gemeinsam, mit + *via* (lat.) = Weg

Aufgabe: *Gesetzt der Fall, du hättest zur Zeit der Hanse gelebt ... wärest du damals gern unterwegs gewesen, um Waren zu transportieren? Hättest du lieber auf dem Land oder auf dem Wasser gearbeitet? Warum bzw. warum nicht?*

___

___

___

___

___

Historische Pflasterung der Alten Salzstraße bei Breitenfelde

Lübecker Salzspeicher an der Obertrave

In Lüneburg hergestelltes **Salz** wurde zunächst hauptsächlich über die **„Alte Salzstraße“**, eine Handelsstraße zwischen Lüneburg und Lübeck, transportiert. Mit dem 1398 fertiggestellten **Stecknitz-Kanal** bei Lübeck lief dann der Transport hauptsächlich über die Flüsse Ilmenau, Elbe, Stecknitz-Kanal und Trave. Zu seiner Hochzeit im 15. Jahrhundert wurden über 3000 Schiffsladungen mit mehr als 30.000 Tonnen Salz pro Jahr auf dem Kanal bewegt. In Lübeck wurde mit dem Handelsgut Salz wiederum die Handelsware Heringe haltbar gemacht.

13 Der Städtebund Hanse

Dieser Städtebund war insgesamt gesehen ein lockerer Zusammenschluss von Handelsstädten. Ein fest umrissenes Vertragswerk bestand nicht, lange Zeit keine schriftliche Verfassung. Es ging den Verantwortlichen der Städtehanse darum, den Handel zu schützen, zu fördern, auszudehnen und dabei tunlichst hohe wirtschaftliche Gewinne zu erreichen.

Wohlhabend gewordene Kaufleute hatten in den Hansestädten oft das Sagen. Und diese Kaufleute waren häufig auch noch darauf bedacht, ihre Position und ihren Besitz zu behaupten, wenn nicht sogar auszuweiten. In so manchen Hansestädten hatten Großkaufleute viel zu sagen oder sie regierten sogar mit.

Der Städtebund Hanse machte sich eine (vorübergehend) bestehende Machtschwäche anderer Staaten sowie deutscher Territorialherrscher (= „Landesfürsten") zunutze. Die Hanse gewann an Einfluss und Macht. Der Städtebund stieg auf zu einer wirtschaftlichen sowie politischen Macht. Auf sich ergebende Situationen reagierten Hauptverantwortliche der Hanse flexibel.

Eroberung Kopenhagens durch die Hanse 1368

„Dänemarks Demüthigung durch den deutschen Hansabund, in Stralsund 1370." Bild erschienen 1860 in der Zeitschrift „Die Gartenlaube".

Aufgabe 1: *Das lässt sich über den Städtebund Hanse aussagen:*

____

____

____

____

Aufgabe 2: *Das lässt sich über die Rolle von wohlhabenden Kaufleuten in Hansestädten aussagen:*

____

____

____

KOHL VERLAG Die Hanse – vom Mittelalter zur Neuzeit - Bestell-Nr. 12 954

14 Kaufleute

Die Kaufleute der Hanse trieben Handel mit Waren, produzierten diese gewöhnlich aber nicht selbst. Beim Handel lag ein Schwerpunkt auf dem Fernhandel. Der Handel erfolgte im Austausch von Waren gegen Waren bzw. Waren gegen Geld.

Im Geldverkehr bestanden innerhalb der Hanse unterschiedliche, ja zahlreiche Währungen. Dadurch waren oftmals Umrechnungen von Währungen erforderlich, was Probleme bereitete. Um dies möglichst zu verhindern, wurden in der 2. Hälfte des 14. Jahrhunderts zumindest regional vereinzelt einheitliche Währungen geschaffen, so in Form des Wendischen Münzvereins, dem u. a. die Hansestädte Lübeck, Hamburg, Wismar, Lüneburg … angehörten. Auch gab es den Rheinischen Münzverein.

Geldgeschäfte wurden in der Hanse nicht allein mit Bargeld durchgeführt, sondern allmählich zunehmend mit Hilfe von Schuldscheinen, Wechselbriefen, Krediten. Die Unterschiede sind:

- Schuldschein = schriftliche Anerkennung, Urkunde einer finanziellen Schuld;
- Wechselbrief = schriftliche Verpflichtung zur Zahlung einer Geldsumme;
- Kredit = Bestätigung eines Darlehens (= Leihen von Geld)

Innerhalb des Gebietes der Hanse war lange Zeit kein Bankwesen verbreitet. Banken existierten aber bereits in der Nordhälfte Italiens (vor allem in Venedig und Florenz). Im deutschen Raum gab es im 15. und 16. Jahrhundert nur sehr vereinzelt Banken oder Filialen italienischer Banken.

Aufgabe: **a)** *Welche der nachfolgenden 10 Aussagen stimmen, welche nicht?*

		Richtig	Falsch
1	Die Kaufleute der Hanse handelten hauptsächlich mit selbst hergestellten Waren.		
2	Der Fernhandel spielte für die Kaufleute der Hanse eine sehr wichtige Rolle.		
3	Innerhalb der Hanse gab es unterschiedliche Währungen.		
4	Das Umrechnen verschiedener Währungen war glücklicherweise nicht mit Problemen verbunden.		
5	Lübeck, Hamburg und einige andere norddeutsche Städte vereinbarten eine einheitliche Währung.		
6	Geldgeschäfte wurden in der Hanse nur per Bargeld gemacht.		
7	In der Finanzwirtschaft ist ein Schuldschein identisch mit einem Wechselbrief.		
8	Ein Darlehen entspricht einem Kredit.		
9	Banken entstanden in Italien eher als im deutschen Raum.		
10	Die damaligen Hansestädte hielten sehr viel vom Bankwesen.		

b) *Verbessere schriftlich die Aussagen, die nicht stimmen, in deinem Heft.*

15 Ehrbare Kaufleute

In den Städten gelang es so manchen erfolgreichen Kaufleuten, gesellschaftlich aufzusteigen. Sie galten als angesehen und gehörten der Oberschicht (= Patriziat[1]) an.

Sogenanntes „Gesellen-Stechen" der Patriziersöhne auf dem Nürnberger Hauptmarkt – Damit wollten die reichen Bürgerlichen die Turniere des über ihnen stehenden Adels imitieren.

Die angesehenen Kaufleute grenzten sich von den (einfachen) Händlern und Handwerkern ab bzw. waren darum bemüht. Solche Kaufleute übten oftmals auch städtische Ämter wie z. B. das eines Ratsherren oder Bürgermeisters aus und waren damit sehr einflussreich. Geschäftstüchtige Kaufleute brachten es zu Wohlstand, wenn nicht sogar zu Reichtum.

Im Späten Mittelalter entstand die Redewendung (= Redensart) vom „ehrbaren Kaufmann". Ein „ehrbarer Kaufmann" sei rechtschaffen, gerecht, ehrlich, verlässlich, treu, verantwortungsbewusst, fleißig … Der „ehrbare Kaufmann" wurde zum Leitbild für Kaufleute erhoben. Auch in der heutigen Zeit wird in der Wirtschaft vom „ehrbaren Kaufmann" als Leitbild gesprochen.

Doch die Wirklichkeit sah und sieht oftmals anders aus. Viele Kaufleute wirtschafteten de facto[2] nicht nach dem genannten Leitbild. Dies wurde bereits früher – unter anderem bei etlichen Hansekaufleuten – beklagt.

Aufgabe: *Schreibe eigenständig formuliert auf: Was hast du vom vorherigen Text verstanden?*

____

____

____

____

____

____

[1] Das Wort Patriziat ist herzuleiten von: *pater* (lat.) = Vater

[2] *de facto* (lat.) = tatsächlich

Test I bzw. Quiz I

Füge jeweils die fehlenden Angaben hinzu.

1) Aus der germanischen und althochdeutschen Sprache übersetzt heißt „hanse“ so viel wie:

____

2) Unter dem Wort „hänseln“ wurde ehemals im Zusammenhang mit der Hanse verstanden:

____

3) Deshalb schlossen sich Kaufleute zusammen:

____

4) Als Vorläufer der Städtehanse gilt:

____

5) Hansekaufleute waren unterwegs auf den beiden Meeren:

____

6) Kaufleute handelten damals mit Waren wie z. B.:

____

7) In einem Spruch der Hanse wird bezeichnet:

Lübeck als ____________, Köln als ____________, Hamburg als ____________

8) Koggen waren:

____

9) In diesen 4 außerhalb des Heiligen Römischen Reiches Deutscher Nation gelegenen Städten gab es die wichtigsten Handelsniederlassungen (= Kontore) der Hanse:

____

10) Faktoreien nannte man:

____

11) Auf dem Land erfolgte der Transport von Waren überwiegend durch:

____

12) Handel wurde betrieben in Form des Austausches von:

____

13) Ein Wechselbrief ist:

____

14) In den Städten gehörten wohlhabende und reiche Kaufleute zur/zum:

____

15) Im Kaufmannswesen entstand im Späten Mittelalter die Redewendung vom …

____

16 Die „Blütezeit“ der Hanse

Der Zeitraum von ca. 1250-1400 gilt als „Blütezeit“ der Hanse. Bezeichnet wird diese Zeit unter anderem auch als „Glanzzeit“ oder „Ära“ der Hanse. Als (ein) Höhepunkt in der Geschichte der Hanse zählt der militärische Sieg des Städtebunds über Dänemark. Der Erfolg führte schließlich zum Frieden von Stralsund (1370). Darin wurden die Rechte der Hanse(städte) bestätigt.

Im Ostseeraum und (weitgehend) im Nordseeraum beherrschte die Hanse den Handel. Die Hanse war imstande, ihre Interessen durchzusetzen, notfalls unter Androhung und Anwendung von Gewalt. Der Hanse kam im Ostseeraum die Ostkolonisation – betrieben durch den Deutschen Orden (= Deutscher Ritterorden) – zugute, der vor allem die Verbreitung des christlichen Glaubens (= Missionierung) im östlichen Teil Mitteleuropas sowie in Osteuropa zum Ziel hatte.

Durch den Handel strebten die Hansestädte auf. So manche Kaufleute wurden noch wohlhabender, ebenfalls die Hansestädte im Ganzen. Neue Kirchen und andere Bauwerke bzw. Gebäude (Rathäuser, Stadttore, Bürgerhäuser ...) konnten gebaut werden. Diese entstanden oftmals in der Bauweise der Backsteingotik. Backsteine sind gebrannte Ziegelsteine.

Ein wesentliches Kennzeichen der gotischen Baukunst sind Spitzbögen. Die Bezeichnung Gotik ist abgeleitet vom Namen des germanischen Volkes der Goten. Die Goten stammen aus Skandinavien (→ Gotland).

Bauwerke mit den typischen Spitzbögen

<u>Aufgabe</u>: *Das merke ich mir zum Thema „Blütezeit“ der Hanse:*

____

____

____

____

____

____

____

17 Hansestädte

Als Hansestädte bezeichnete man zur Hanse gehörige Städte. Im Verlauf des Späten Mittelalters wuchs die Anzahl der Hansestädte erheblich. Bis zu etwa 200 Städte sollen der Hanse in deren „Blütezeit“ angehört haben, darunter auch Städte, die außerhalb des Heiligen Römischen Reiches Deutscher Nation (HRRDN) lagen. Eine genaue Liste, welche Städte von wann bis wann Mitglied der Hanse waren, besteht heutzutage nicht, gab es früher höchstwahrscheinlich auch nicht.

Die einen Hansestädte waren gelegen an der Küste der Nordsee bzw. Ostsee, andere im Binnenland. Angenommen wird: Etwa 70-80 Städte waren Vollmitglieder der Hanse. Die übrigen Hansestädte – auch bezeichnet als Beistädte – sollen weniger Hanserechte besessen haben. An den einzelnen Versammlungen der Hanse (= Hansetage oder „gesamthansische Tagfahrten“ genannt) nahmen jeweils nur Vertreter mancher Hansestädte teil, nie aller damaliger Hansestädte.

Als 1. allgemeiner Hansetag gilt die Versammlung von Vertretern der Hansestädte im Jahr 1356 in Lübeck. Am letzten Hansetag der historischen Hanse versammelten sich im Jahr 1669 in Lübeck nur noch Vertreter von 9 Hansestädten – nämlich aus: Lübeck, Rostock, Danzig, Hamburg, Bremen, Köln, Osnabrück, Hildesheim sowie Braunschweig.

Aufgabe: *Fasse den Inhalt des Textes „Hansestädte“ in wenigen eigenen Sätzen in deinem Heft zusammen.*

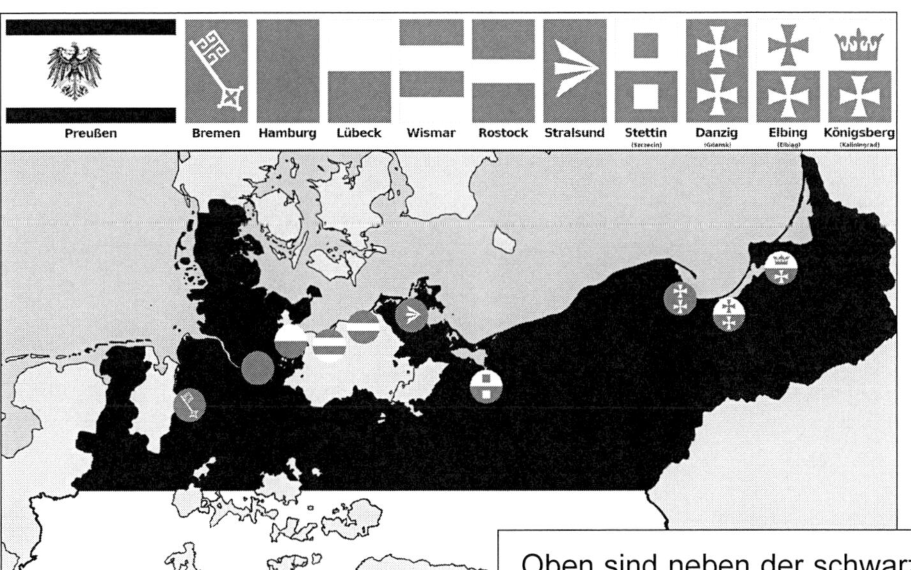

Flagge des Deutschen Kaiserreichs

Oben sind neben der schwarz-weißen preußischen Flagge die Flaggen wichtiger Hansestädte zu sehen. Diese sind alle rot-weiß (Farbe der Hanse) gefärbt. In der Karte sind diese Städte eingezeichnet sowie das Königreich Preußen.
Die östlich im Bereich des Deutschen Ritterordens gelegenen Hansestädte haben das Kreuz des Ordens in ihrer Flagge.
Diese Bestandteile (Schwarz-Weiß von Preußen, Rot-Weiß der Hanse) wurden später (1871) in die Flagge des Deutschen Kaiserreichs übernommen.

Die Hanse – vom Mittelalter zur Neuzeit - Bestell-Nr. 12 954

18 Die Hansestadt Lübeck (Blatt 1)

Stadtsiegel von 1280

Ursprünglich soll Lübeck als Liubice im Frühen Mittelalter eine Siedlung von slawischen Kaufleuten gewesen sein. Als Gründungsjahr der Stadt Lübeck gilt jedoch erst das Jahr 1143. Nach einem baldigen Überfall durch Slawen und einem späteren Brand folgte 1159 durch den Herzog von Sachsen (= Heinrich d. Löwen) die Neugründung der Stadt Lübeck.

Gelegen am Fluss Trave mit unmittelbarem Zugang zur Ostsee entwickelte sich Lübeck rasch, wurde größer. Um das Jahr 1300 betrug die Einwohnerzahl Lübecks ca. 25 000. Damit war Lübeck die bevölkerungsreichste an der Ostsee gelegene Stadt. Zugleich bildete Lübeck mit seiner damaligen Einwohnerzahl hinter Köln (etwa 40.000 Einwohner) im Heiligen Römischen Reich Deutscher Nation (HRRDN) die Stadt mit den zweitmeisten Einwohnern.

Hanseflagge Lübecks

Lübeck war das Handelszentrum zwischen der Ostsee und der Nordsee. In die Geschichte ging Lübeck ein als „Haupt(stadt)“ und „Königin der Hanse“. Auch hatte Lübeck den Ruf, das „Kaufhaus der Hanse“ zu sein. Zur wirtschaftlichen Bedeutung Lübecks trug u. a. bei:

Im Jahr 1398 wurde der Stecknitz-Kanal fertiggestellt, der die Flüsse Trave und Elbe verband und den Warenverkehr förderte. Das heute bekannteste Wahrzeichen von Lübeck ist das Holstentor, das im Zeitraum 1464-1478 erbaut wurde.

Übrigens: Seit dem Jahr 2015 besteht in Lübeck das Europäische Hansemuseum, das die Geschichte der Hanse näher aufzeigt.

Lübecker Rathaus

18 Die Hansestadt Lübeck (Blatt 2)

Aufgabe: *Beantworte in vollständigen Sätzen.*

a) Was war Lübeck zunächst?

b) Wann wurde die Stadt Lübeck erstmals gegründet?

c) In welchem Jahr kam es zur Neugründung der Stadt Lübeck?

d) Wer gründete die Stadt Lübeck neu?

e) Wo liegt Lübeck?

f) Etwa wie viele Menschen lebten um das Jahr 1300 in Lübeck?

g) Was lässt sich sonst noch zur damaligen Einwohnerzahl Lübecks sagen?

h) Unter welchen Bezeichnungen ging Lübeck in die Geschichte ein?

i) Welche zwei Flüsse wurden durch den Stecknitz-Kanal miteinander verbunden?

j) Wie heißt das in der heutigen Zeit bekannteste Wahrzeichen der Stadt Lübeck?

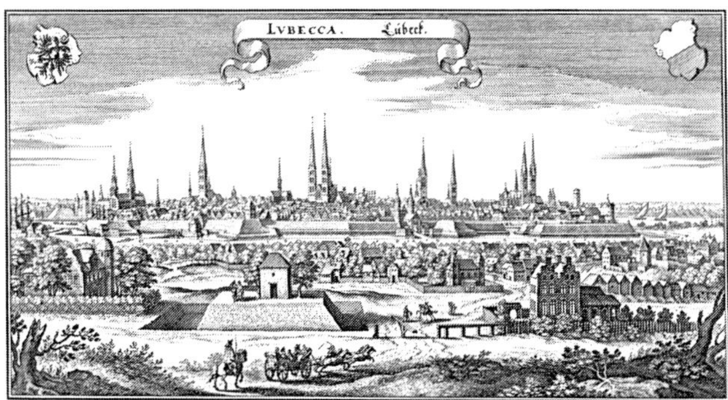

Lübeck im 17. Jahrhundert

19 Die Hansestadt Hamburg

Heutzutage gilt Hamburg als die bekannteste Hansestadt. Im Zeitraum des Bestehens der historischen Hanse war Hamburg jedoch nicht die wichtigste Hansestadt. Hamburg hatte wohl aufgrund der Herstellung von vielen Bieren den Ruf, ein „Brauhaus“ zu sein (siehe Spruch über die Hanse). Um das Jahr 1500 soll es in Hamburg über 500 Brauereien gegeben haben. Lange Zeit stand Hamburg aber in seiner Bedeutung sozusagen im Schatten insbesondere von Lübeck.

Erst als der Niedergang der Hanse mehr und mehr voranschritt, gewann Hamburg als Hansestadt wesentlich an Bedeutung. Zugleich verloren an der Ostsee gelegene deutsche Hansestädte wie Lübeck, Wismar, Rostock, Stralsund oder Greifswald an Wichtigkeit.

Hamburg profitierte von seiner geografischen Lage, nachdem sich der Haupthandel (u. a. aufgrund der Entdeckung Amerikas sowie des Seeweges nach Indien) in Europa zunehmend nach Westen verlagert hatte. Dadurch wurde die rasch an Einwohnern wachsende Hansestadt Hamburg zu einem zentralen Handels- und Umschlagsplatz von Waren aus dem Ostseeraum sowie dem östlichen Mitteleuropa nach Westen und umgekehrt.

Die Elbe weit ins Hinterland zurückreichend und mit Zugang zur Nordsee spielte dabei als Transportweg zu Wasser eine wesentliche Rolle. Ratsherren und Kaufleute der Stadt Hamburg betrieben eine durchdachte, auf Vermittlung ausgerichtete Politik und Wirtschaft.

Aufgabe: *Was kannst du nach dem Lesen jetzt zu Hamburg als Hansestadt sagen? Formuliere einen Text mit eigenen Sätzen.*

____

____

____

____

____

____

____

____

____

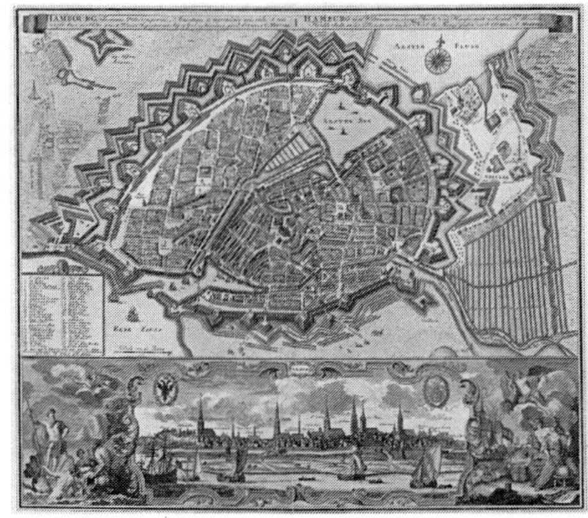

Hamburg im Jahr 1730

KOHL VERLAG Die Hanse – vom Mittelalter zur Neuzeit - Bestell-Nr. 12 954

20 Die Hansestadt Lübeck (Blatt 2)

Im Verlauf des Späten Mittelalters erlangte das Städtebündnis Hanse weitgehend eine Monopolstellung[1] im Handel innerhalb des Ostsee- sowie Nordseeraums und teilweise noch darüber hinaus.

Die Hanse hatte sich u. a. durch Diplomatie (= geschicktes Verhandeln) zahlreiche Handelsrechte und sonstige wirtschaftliche Vorteile (z. B. Zollbefreiung) verschafft. Und die Hanse blieb weiterhin Handelsmacht ähnlich wie ein heutiger den Markt beherrschender Großkonzern.

Wer sich der Hanse in den Weg stellte, musste mit Konsequenzen rechnen. Dies führte bisweilen dazu, dass die Hanse aus ihren Reihen Soldaten aufstellte, eine Kriegsflotte bildete, die Kriegswaffen einsetzte und Krieg führte. Dabei ging es nicht darum, Land auf Dauer zu erobern, sondern wirtschaftliche Interessen (Handelsprivilegien ...) durchzusetzen. Durch die Hanse wurden Länder und Städte (auch solche, die Hansestädte waren) „verhanst", wenn diese sich z. B. nicht an Abmachungen hielten und Eigeninteressen zu realisierten versuchten, die dem Städtebündnis Hanse nicht genehm waren.

Mit „Verhansen" ist gemeint: Gegen solche Widersacher verhängte die Hanse Handelsboykotte, die oft zu hohen wirtschaftlichen Verlusten für die Gegner führten, sodass diese dann doch die Bedingungen der Hanse für die Aufhebung der jeweiligen Blockade akzeptierten. Gegen z. B. Seeräuber (= Piraten) gingen die Hansestädte zusammen oder allein energisch und hart vor.

Aufgabe: *Was meinst du zu den im vorherigen Text angesprochenen Methoden der Hanse? Begründe deine Meinung.*

____

____

____

____

____

____

[1] Das Wort Monopol stammt ab von: *monopolion* (griech.) = Recht auf Alleinhandel, Allein(ver)kauf

KOHL VERLAG Die Hanse – vom Mittelalter zur Neuzeit - Bestell-Nr. 12 954

21 Klaus Störtebeker

Aus der Hansezeit stammen einige sagenhafte, legendenhafte Geschichten. Die davon heutzutage wohl bekannteste Erzählung dreht sich um eine angebliche Person namens Klaus Störtebeker.

Er soll der Anführer von Seeräubern gewesen sein, die gegen Ende des 14. Jahrhunderts der Hanse zu schaffen machten. Es gibt die Sage: Zusammen mit etwa 70 Gefährten wurde K. Störtebeker im März 1401 in der Nähe der Insel Helgoland gefangengenommen – und zwar von Schiffsbesatzungen der Hanse aus Hamburg. Im Oktober 1401 soll in Hamburg die Hinrichtung K. Störtebekers sowie seiner Gefährten erfolgt sein. In der Freien und Hansestadt Hamburg steht sogar ein Denkmal, das K. Störtebeker zeigen soll.

Hinrichtung von Klaus Störtebeker (links) und der Vitalienbrüder auf dem Grasbrook vor Hamburg auf einem Flugblatt von 1701

Ob K. Störtebeker wirklich ein Seeräuber war, ist jedoch ungewiss. Vielleicht waren K. Störtebeker sowie seine Mitkämpfer Geldeintreiber und Söldner, beauftragt z. B. durch Kaufleute oder Adelige … Möglicherweise gab es die Person mit dem Namen K. Störtebeker überhaupt nicht. Was in Bezug auf K. Störtebeker Wahrheit und was Dichtung ist, lässt sich nicht sagen. Verlässliche historische Quellen dafür liegen nicht vor.

Aufgabe 1: *Informiere dich näher über eine Störtebeker-Sage (im Internet oder in Büchern) und erzähle diese Sage schriftlich in eigenen, vollständigen Sätzen.*

____

____

____

____

____

____

Aufgabe 2: *Was meinst du insgesamt zum Thema Klaus Störtebeker? Begründe deine Meinung.*

____

____

____

____

KOHL VERLAG Die Hanse – vom Mittelalter zur Neuzeit - Bestell-Nr. 12 954

22 Aus dem Leben eines Kaufmanns

Aufgabe: *Wie stellst du dir konkret das Leben eines damaligen hanseatischen Kaufmanns vor? Denke dir aus, wie das Leben dieses Kaufmanns ausgesehen haben könnte. Erzähle davon. Gib dem Kaufmann einen Namen (z. B. Bertram …). Du kannst u. a. so beginnen:*

„Bertram war … Jahre alt. Er lebte in …“

Schreibe deine Erzählung zunächst auf einen Schmierzettel, auf dem du noch streichen und ändern kannst. Anschließend schreibst du es hier in Reinschrift auf.

Dargestellt ist der eigentlich aus Danzig stammende Kaufmann Georg Giese (= Gisze) in seinem Londoner Hanse-Kontor, gemalt von Hans Holbein dem Jüngeren.

Die Hansestadt Köln hatte eine Hanseniederlassung in London, wo Giese ab 1522 tätig war.

Die Hanse – vom Mittelalter zur Neuzeit - Bestell-Nr. 12 954

23 Der Niedergang der Hanse

Aufgabe 1: *Bringe die nachfolgenden 12 ungeordneten Sätze in eine logische Reihenfolge, sodass sich ein zusammenhängender Text ergibt. Nummeriere die Sätze dementsprechend links mit den Zahlen 1-12.*

	Doch dadurch wurde der Niedergang der Hanse nicht verhindert.
	Der Bedeutungsverlust der Hanse war also ein langsamer, allmählich ablaufender Prozess.
	Im Jahr 1669 fand in Lübeck der letzte Hansetag der historischen Hanse statt.
	Zum einen gab es dafür externe Gründe, das heißt sie gingen von außerhalb der Hanse aus.
	Die Hanse versuchte, dem angesprochenen Prozess (noch) entgegenzuwirken.
	Im 15. Jahrhundert begann der Niedergang der Hanse und setzte sich dann weiter fort.
	An dieser Versammlung nahmen nur noch Teilnehmer aus wenigen Hansestädten teil.
	Im Weiteren waren für den Verfall der Hanse auch interne Gründe (= innerhalb der Hanse) verantwortlich.
	Danach blieb lediglich der Dreibund Lübeck – Hamburg – Bremen bestehen.
	Mitte des 16. Jahrhunderts (1554/1557) erklärte sich die Hanse zu einer Confoederatio, gab sich erstmals schriftlich eine Verfassung (bestehend aus 10 Artikeln) und schuf das Amt eines Geschäftsführers (≈ Syndicus genannt) in ihrer Organisation. *confoederatio* (lat.) = Bündnis, Bund; *syndikos* (griech.) = gerichtlicher Beistand
	Dieser Dreibund übernahm formal das Erbe der Hanse und war allenfalls ihr Nachlassverwalter.
	Jene Entwicklung verlief über einen sehr langen Zeitraum, der über den Dreißigjährigen Krieg (1618-1648) hinweg dauerte.

Aufgabe 2: *Schreibe nunmehr die 12 Sätze in der richtigen Reihenfolge vollständig auf.*

KOHL VERLAG Die Hanse – vom Mittelalter zur Neuzeit - Bestell-Nr. 12 954

24 Gründe des Niedergangs der Hanse

Aufgabe: *Verfasse mit Hilfe der eingerahmten stichwortartigen Angaben einen zusammenhängenden Text in vollständigen Sätzen über die Gründe des Niedergangs der Hanse.*

Machtgewinn deutscher Territorialherrscher

Zusammenbruch des Deutschen Ritterordens, sodass der Hanse damit ein wichtiger Bündnispartner fehlte

Hanse nicht genügend innovativ, sondern mit konservativer Wirtschaftsmentalität [innovatio (lat.) = Erneuerung; conservatio (lat.) = Erhaltung, Bewahrung]

zu sehr war die Hanse ausgerichtet auf den Zwischenhandel, hat eigene Produktionen nicht wesentlich vorangetrieben

Verlagerung der Haupthandelswege nach Westen insbesondere aufgrund der Entdeckung Amerikas (1492) sowie des Dreißigjährigen Krieges (1618-1648)

Nationales Bewusstsein und Erstarken von Staaten wie England, Dänemark, Schweden, Norwegen, Polen …

zunehmende Konkurrenz für die Hanse durch englische, holländische, süddeutsche Kaufleute, ostelbische Großgrundbesitzer …

wachsende Einzelinteressen der Hansestädte sowie Hansestädtegruppierungen

Unruhen und Zerstörungen durch die Reformation und/bzw. den Dreißigjährigen Krieg

fehlende Unterstützung im Heiligen Römischen Reich Deutscher Nation durch den jeweiligen Kaiser für die Hanse

KOHL VERLAG Die Hanse – vom Mittelalter zur Neuzeit - Bestell-Nr. 12 954

25 Geschichte auf Bildern

Aufgabe: *Beschreibe näher, worum es auf den 4 Bildern geht.*

A

B

C

D

26 Beurteilungen über die Hanse

Über die Hanse gibt es unterschiedliche Beurteilungen. Die ehemalige Bundeskanzlerin der Bundesrepublik Deutschland (Angela Merkel) sieht in der Hanse einen Vorreiter für die Europäische Union (EU). Im Jahr 2015 äußerte Angela Merkel: „Wir können in der EU an zentrale Erfahrungen der Hanse anknüpfen, z. B. dass wir gemeinsam stärker sind und mehr für alle erreichen als allein.“ (zitiert nach Hamburger Abendblatt vom 28.5.2015)

Kontorgebäude der Hanse in Antwerpen

Firmensitz von Royal Dutch Shell in Den Haag, größtes Unternehmen der EU gemessen am Umsatz

Der Historiker Hiram Kümper, ein Professor für Geschichte, meint über Kaufleute der Hanse: „Ehrenwert waren diese Kaufleute vermutlich schon. Aber wohl eher in jenem Sinne, in dem sich auch Mitglieder der Mafia als ehrenwert empfinden.“

(zitiert nach Der Spiegel Nr. 53 vom 24.12.2020)

Aufgabe:

a) *Erkläre, was Angela Merkel zur Hanse meint.*

____

____

____

b) *Erkläre, was Hiram Kümper über die Kaufleute der Hanse meint.*

____

____

____

c) *Wie bewertest du die genannten Aussagen von A. Merkel und H. Kümper?*

____

____

____

d) *Wie beurteilst du selbst die Hanse? Begründe deine Beurteilung.*

____

____

____

KOHL VERLAG Die Hanse – vom Mittelalter zur Neuzeit - Bestell-Nr. 12 954

27 Die Hanse heute

Die Hanse wurde wiederbelebt. Im Jahr 1980 erfolgte in der niederländischen Stadt Zwolle die Gründung der Neuen Hanse als Lebens- und Kulturgemeinschaft. Gesprochen wird gleichbedeutend auch von der Hanse der Neuzeit. Mittlerweile gibt es fast 200 Städte, die Mitglied dieser Organisation sind. Jährlich findet immer ein sogenannter Hansetag statt, von Jahr zu Jahr abwechselnd in einer anderen Hansestadt. Außerdem kommt es zu Regionaltagungen von Hansestädten.

Die Bezeichnung Hanse ist heutzutage wieder öfter anzutreffen. Man besinnt sich in der heutigen Zeit zunehmend auf die historische Hanse. Immer mehr Städte bezeichnen sich erneut (offiziell) als eine Hansestadt. Noch heute weisen die Wappen vieler Hansestädte die traditionellen Farben Rot und Weiß auf. Inzwischen zählt die Neue Hanse auf der Erde als größte freiwillige Städtegemeinschaft. Diverse wirtschaftliche Unternehmen führen den Namen Hanse ...

In Sierksdorf an der Ostsee besteht seit dem Jahr 1977 das große Freizeitunternehmen Hansa-Park. In Lübeck wurde 2015 das Europäische Hansemuseum eröffnet. Einige Sportvereine tragen in ihrem Namen die Bezeichnung Hansa (z. B. der FC Hansa Rostock) ...

Hansa-Park in Sierksdorf

Ausstellung im Europäischen Hansemuseum

Aufgabe: *Wie bewertest du die Neue Hanse (= Hanse der Neuzeit)? Begründe deine Beurteilung.*

Test II bzw. Quiz II

Füge jeweils die fehlenden Angaben hinzu.

1) Die „Blütezeit" der Hanse lag etwa im Zeitraum …

2) Im Jahr 1370 ...

3) Mit dem Begriff Backsteingotik ist gemeint ...

4) So viele Hansestädte gab es ca. ...

5) Große Versammlungen der Vertreter von Hansestädten wurden genannt ...

6) Lübeck wurde unter anderem bezeichnet als ...

7) Verhansung bedeutete ...

8) Klaus Störtebeker soll ...

9) Drei Gründe für den Niedergang der Hanse waren ...

10) Die letzte Sitzung von Vertretern der historischen Hanse fand statt im Jahr ...

11) Zur Gründung der Neuen Hanse kam es ...

12) Bezeichnet wird die Neue Hanse auch als ...

13) Die Neue Hanse gilt als größte ...

14) Das Europäische Hansemuseum befindet sich in ...

15) Ein bekannter Fußballverein mit dem Wort Hansa im Namen heißt ...

Arbeit

Das weiß ich über:

1) das Wort Hanse

2) die Entstehung der Hanse

3) die Kaufmannshanse

4) die Städtehanse

5) die Blütezeit der Hanse

6) den Niedergang und das Ende der historischen Hanse

KOHL VERLAG Die Hanse – vom Mittelalter zur Neuzeit - Bestell-Nr. 12 954

28 Die Hanse – ein möglicher Text für ein Lexikon

Aufgabe: *Verfasse einen Text über die Hanse (in deinem Heft, mindestens eine Seite lang), wie er in einem Lexikon stehen könnte. Schreibe den Text zunächst auf einen Schmierzettel, wo du noch durchstreichen und ändern kannst. Anschließend schreibst du alles in Reinschrift. Als Anregung sind unten einige Begriffe genannt, die dir bestimmt helfen.*

- Wortherkunft
- Deutscher Ritterorden
- Vereinigungen
- Städtebündnis
- HRRDN
- 200
- Kaufleute
- Hochmittelalter
- Oberschicht
- Ostsee – Nordsee
- Hansestädte
- Niedergang
- Lübeck
- Königin der Hanse
- Blütezeit
- Einzelinteressen von Hansestädten
- Einfluss – Macht
- Schutz des Handels
- Konkurrenz
- 1669
- Machtgewinn deutscher Territorialherrscher
- Entdeckung Amerikas

KOHL VERLAG Die Hanse – vom Mittelalter zur Neuzeit - Bestell-Nr. 12 954

29 Kreuzworträtsel Nr. 1

Aufgabe: *Löse das Kreuzworträtsel.*

Lösungswort: _ _ _ _ _ _

Waagerecht

5 Ware, die zu Kleidung weiterverarbeitet wird
9 von Tieren stammende Ware
11 Das waren die meisten Europäer im Mittelalter.
12 Um Mitglied der Hanse zu werden, musste man u. a. eine ... bestehen.
14 So nannte man später erfolgreiche Kaufleute.
17 Waren wurden günstig eingekauft und ... verkauft.
18 Diese Gefahr bestand auf Reisen.
19 So war man stark in einer Kaufmannshanse.

Senkrecht

1 Stadt, in der sich eines der vier großen Kontore der Hanse befand
2 Handelsware, die selber zum Transport von Waren dient
3 Ware, die Reichtum durch Kleidung aufzeigt
4 glänzendes Handelsgut
6 Ursprung der Städtehanse
7 Königin der Hanse genannt
8 Bezeichnung für eine große, bedeutende Handelsniederlassung
10 Sie gab es im Mittelalter noch nicht.
13 spätere im Osten gelegene Hansestadt
15 Konkurrenz für die Hanse
16 eines der Hauptgebiete des Hansehandels

KOHL VERLAG Die Hanse – vom Mittelalter zur Neuzeit - Bestell-Nr. 12 954

30 **Kreuzworträtsel Nr. 2**

Aufgabe: *Löse das Kreuzworträtsel.*

Lösungswort: _ _ _ _ _ _

Waagerecht

3 bedeutende Handelsniederlassung im Norden
6 Bezeichnung für eine Handelsniederlassung
8 So nannte man die Oberschicht.
9 Ziehen von Booten vom Ufer mit Seilen
11 Sein Bau ermöglicht oft den Transport über Flüsse.
12 Bedeutung des ersten Wortes in „HRRDN“
16 Dazu dienten sowohl Verträge als auch militärische Begleitung beim Warentransport.
17 Das mussten Hansekaufleute beim Durchqueren verschiedener Länder bzw. politischer Machtbereiche können.

Senkrecht

1 von der Hanse lange Zeit benutzter Schiffstyp
2 Bezeichnung dafür, dass sich eine Person von einer anderen Geld geliehen hat
4 So wird Lüneburg im Hansespruch bezeichnet.
5 Wahrzeichen von Lübeck
7 ebenfalls (wie Lübeck) zentral gelegene Hansestadt
8 Orientierung für Seefahrer am Himmel
10 So wird Köln im Hansespruch bezeichnet.
13 Dort gab es die ersten Banken.
14 Hansestadt auf einer Insel
15 Das hatte die Städtehanse im Gegensatz zur Kaufmannshanse.

KOHL VERLAG Die Hanse – vom Mittelalter zur Neuzeit - Bestell-Nr. 12 954

Der Hansekaufmann – ein Pokerspiel → Regeln (Blatt 1)

Spielerzahl
2-5 Personen

Spielmaterialien
- 1 Spielplan (siehe Vorlage);
- 1 Kasse (= z. B. 1 Teller oder 1 kleine Schachtel);
- 1 Schreibstift;
- 40 Warenkarten (siehe Vorlagen Blätter Seiten 44–47);
- je Spieler: 35 Münzsäcke (siehe Vorlage Blatt Seite 49)

Spielvorbereitung
Die Spieler setzen sich um einen Tisch herum und einigen sich auf eine Geldwährung. Neben zeitgenössischen Währungen haben auch z. B. solche aus dem Mittelalter ihren Reiz, damals prägten größere Städte ihre eigene Währung. Beispiele: Taler, Pfund, Gulden, Batzen, Schilling, Heller, Denar, Kreuzer, Dukaten, Groschen …

Angenommen, man wählt z. B. Gulden. Vor Spielbeginn erhält jeder Spieler 35 Münzsäcke Spielgeld mit einem Gesamtwert von 130 Gulden. Alle 40 Warenkarten werden vor Spielbeginn gründlich gemischt und in der Mitte des Tisches als Stapel abgelegt.

Spielablauf
Je Spielrunde deckt ein Spieler – im Verlauf des Spiels wechseln sich die Spieler dabei ab – zumindest eine Warenkarte vom Stapel auf. Der jeweilige Spieler kann nach Belieben bis zu vier übereinander liegende Warenkarten aufdecken. Die aufgedeckten Waren sind zusammen zum Kauf freigegeben. Jeder Spieler überlegt sich, wie viele Münzsäcke er einsetzt, um diese Waren zu erwerben. Der Spieler kann auch auf den Einsatz verzichten, es herrscht kein Einsatzzwang. Je Spielrunde darf jeder Spieler Münzsäcke im Wert von maximal 25 Gulden einsetzen.

Alle Spieler geben ihren Einsatz gleichzeitig bekannt, indem jeder Spieler eine Hand ausstreckt, öffnet und damit seine eingesetzten Münzsäcke vorzeigt. Wer das höchste Gebot abgibt, darf die angebotenen Warenkarten in seinen Besitz nehmen und zahlt dafür das von ihm gebotene Geld in die Kasse ein. Die anderen Spieler dürfen ihr gebotenes Geld behalten.

Die erworbenen Warenkarten ergeben für den Käufer den Erwerb eines bestimmten Warenwertes. Dieser resultiert aus der Summe der von allen Spielern in der jeweiligen Spielrunde eingesetzten Gelder.

Der Hansekaufmann – ein Pokerspiel → Regeln (Blatt 2)

Beispiel

Eine Spielrunde mit 4 Spielern und 3 zum Kauf angebotenen Warenkarten:

- Einsatz Pia: Säcke im Wert von 9 Gulden
- Einsatz Ali: Säcke im Wert von 8 Gulden
- Einsatz Asiye: Säcke im Wert von 11 Gulden
- Einsatz Frank: Säcke im Wert von 6 Gulden

Man errechnet einen Gesamtwert von 34 Gulden. Asiye hat als höchster Bieter somit 3 Warenkarten im Wert von insgesamt 34 Gulden erworben. Die anderen drei Spieler gehen leer aus.

Der vom jeweiligen Spieler in einer Spielrunde erworbene Warenwert wird auf dem Spielplan notiert. Haben zwei oder mehrere Spieler in einer Runde dasselbe höchste Gebot abgegeben oder bietet niemand für die angebotenen Waren Geld, werden die betroffenen Warenkarten aus dem Spiel genommen. Da auf diese Weise jede Ware nur einmal angeboten wird, entsteht so ein Anreiz hin zum Bieten.

Spielsieg

Das Spiel ist beendet, wenn keine Warenkarten mehr zum Verkauf vorhanden sind. Jetzt bekommt jeder Spieler zusätzlich zu seinem insgesamt erzielten Warenwert noch einmal Sondergeldwert gutgeschrieben. Nachdem die Anzahl der Karten jedes Spielers auf dem Spielplan notiert wurde, wird gleich daneben noch eingetragen, wie viel Karten jeder mehr hat als der Spieler mit den wenigsten Karten; bei diesem steht dann dafür eine Null. Der Sondergeldwert ist dann jeweils gerade das 10-fache von dieser Überzahl an Karten, derjenige mit den wenigsten Karten bekommt also auch hier eine Null.
Sieger ist derjenige Spieler mit dem (nach der Endabrechnung) höchsten erzielten Gesamtwert.

Beispiel

Zur Verdeutlichung dazu eine Endabrechnung:

Spieler	Warenwert insgesamt	Karten Anzahl	Karten Überzahl	Sondergeldwert	erzielter Gesamtwert
Asiye	345	7	0	0	345
Pia	511	11	4	40	551 → Siegerin
Frank	452	11	4	40	492
Ali	393	9	2	20	413

Spielvariationen

Die Spielregeln lassen sich nach eigenen Vorstellungen verändern.

Anmerkungen zum Thema Hansekaufleute

Bestreben der Hansekaufleute war es, Waren kostengünstig zu erwerben, dementsprechend transportieren zu lassen sowie eventuell zwischenzulagern und mit möglichst hohem finanziellen Gewinn zu verkaufen. Hansekaufleute kauften häufig im Fernhandel Waren von Herstellern oder Zwischenhändlern und verkauften die erworbenen Waren danach an lokale bzw. regionale Händler vor Ort, in der Regel nicht unmittelbar an Verbraucher.

Manche Hansekaufleute waren selbst Besitzer oder Mitbesitzer von Schiffen oder Fuhrwerken. Waren wurden dorthin transportiert und dort verkauft, wo es jeweils eine große Nachfrage bereits gab bzw. zu erwarten war. Durch Hansekaufleute wurde der Warenhandel in der nördlichen Hälfte Europas wesentlich erweitert und verstärkt.

Der Hansekaufmann – Spielplan

Spieler	Warenwerte aus einer Spielrunde						Warenwert insgesamt	Karten Anzahl / Karten Überzahl	Sonder-geldwert	erzielter Gesamtwert

Der Hansekaufmann – Warenkarten (Blatt 1)

Die Vorlage kopieren, auseinanderschneiden und laminieren.

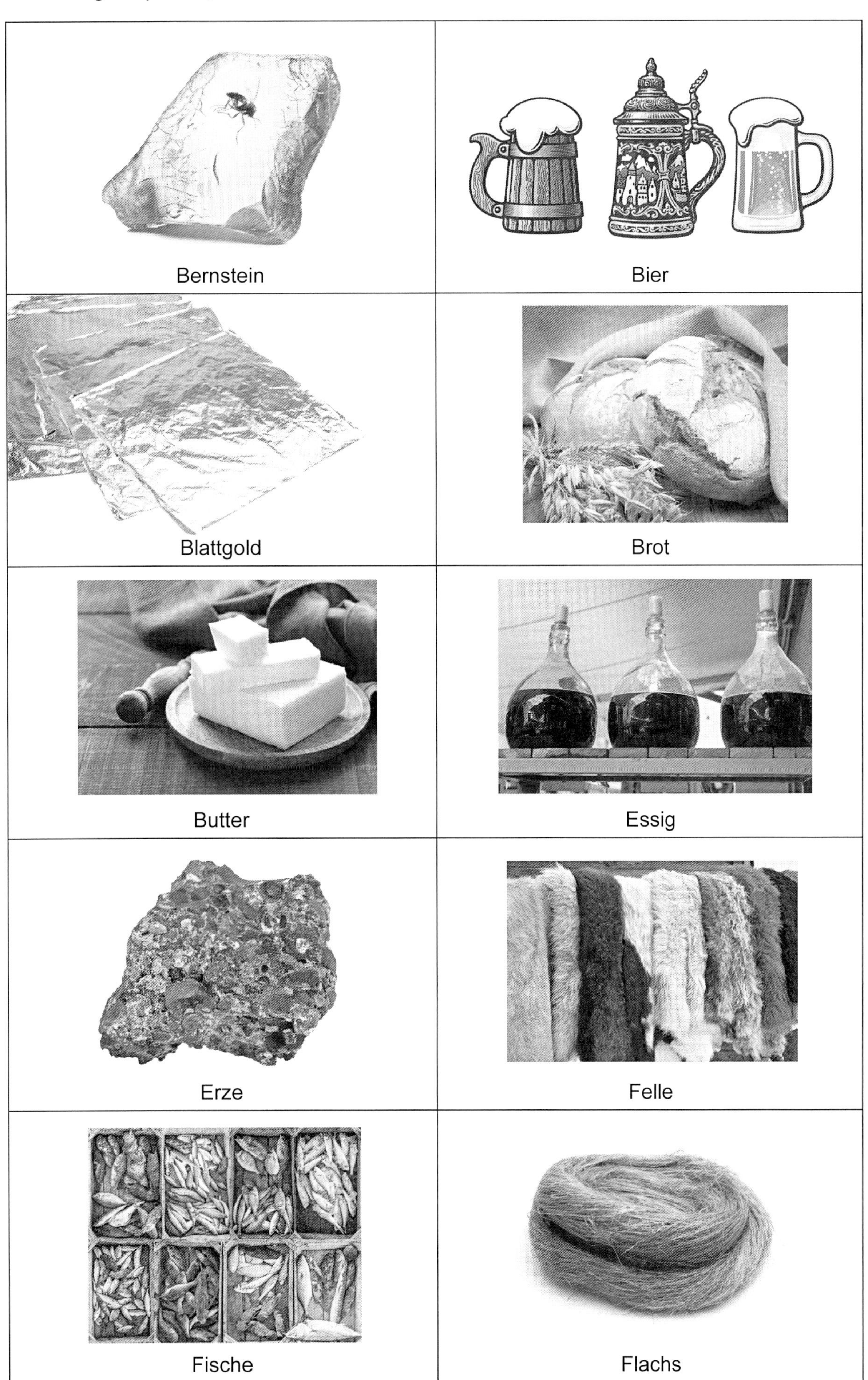

KOHL VERLAG Die Hanse – vom Mittelalter zur Neuzeit - Bestell-Nr. 12 954

Der Hansekaufmann – Warenkarten (Blatt 2)

Die Vorlage kopieren, auseinanderschneiden und laminieren.

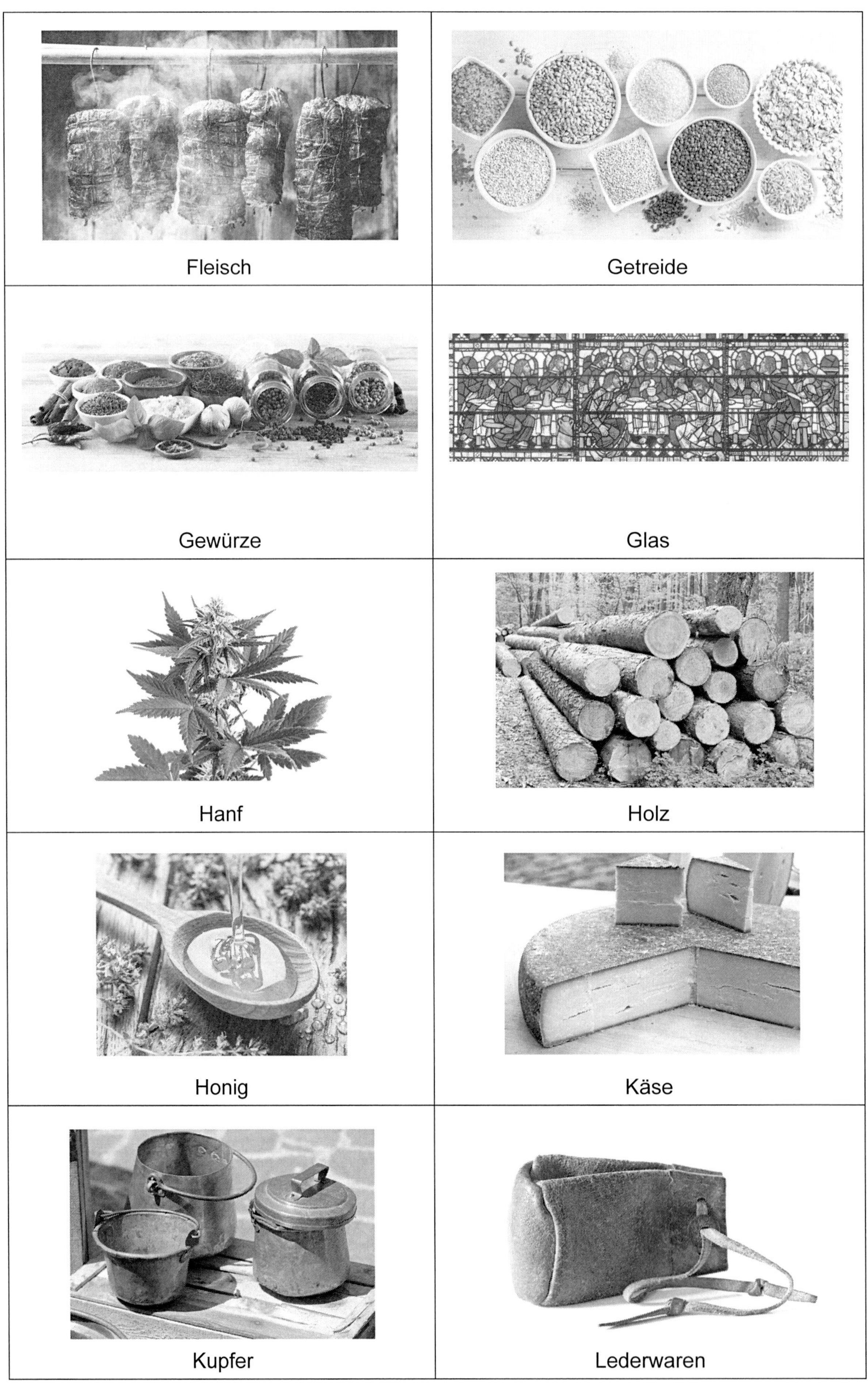

Der Hansekaufmann – Warenkarten (Blatt 3)

Die Vorlage kopieren, auseinanderschneiden und laminieren.

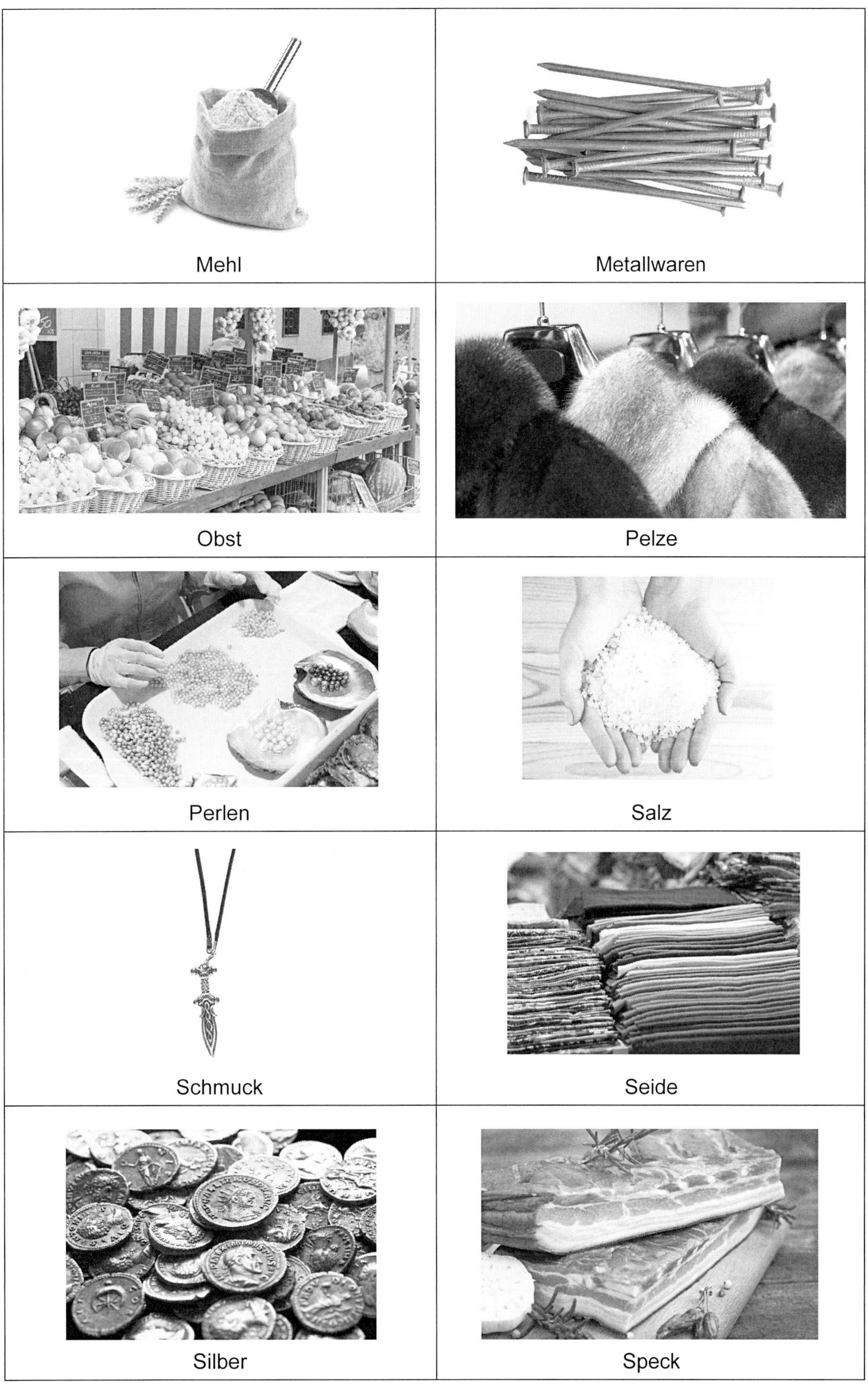

KOHL VERLAG Die Hanse – vom Mittelalter zur Neuzeit - Bestell-Nr. 12 954

Der Hansekaufmann – Warenkarten (Blatt 4)

Die Vorlage kopieren, auseinanderschneiden und laminieren.

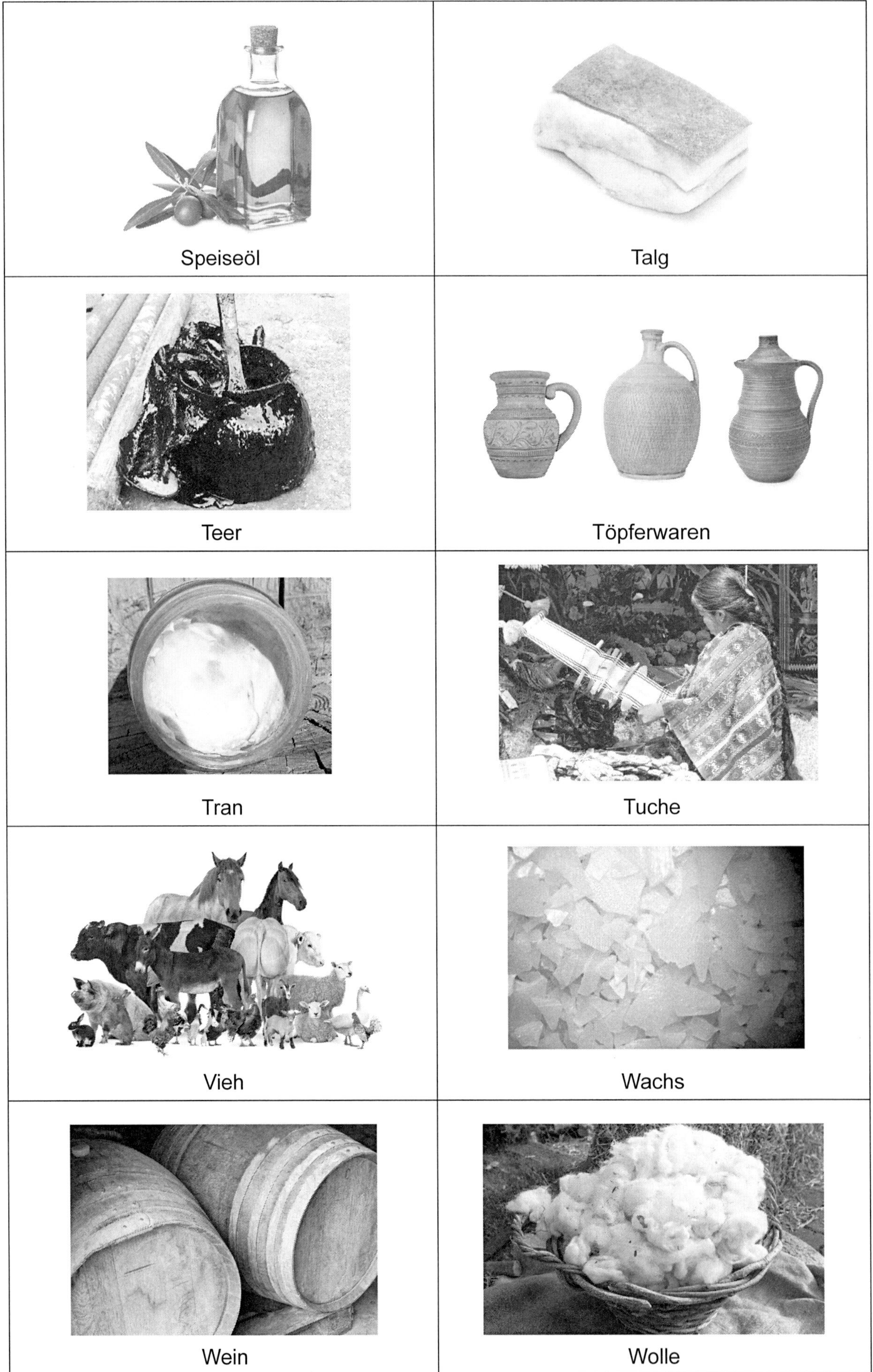

Speiseöl	Talg
Teer	Töpferwaren
Tran	Tuche
Vieh	Wachs
Wein	Wolle

KOHL VERLAG Die Hanse – vom Mittelalter zur Neuzeit - Bestell-Nr. 12 954

Der Hansekaufmann – Vorlage zum Erstellen eigener Warenkarten

Der Hansekaufmann – Komplettsortiment Münzsäcke pro Spieler

Die Vorlage kopieren, auseinanderschneiden und laminieren.

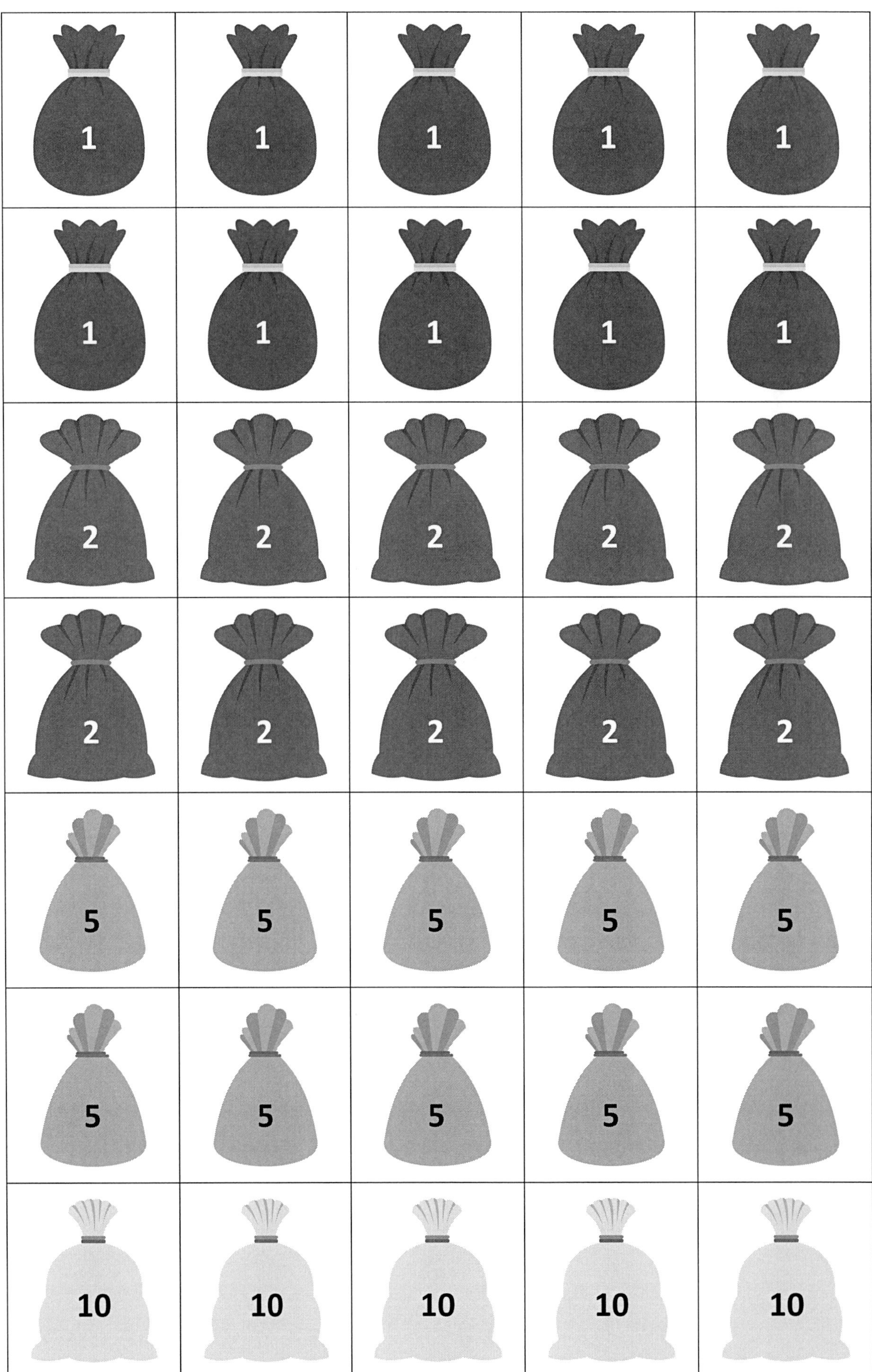

Lösungen

1 Zur Herkunft und Bedeutung des Wortes Hanse

Aufgabe:

a) Aus diesen beiden Sprachen kommt der Begriff Hanse: aus der germanischen und althochdeutschen Sprache

b) Hanse heißt wörtlich übersetzt so viel wie: Gruppe, Schar, Menge

c) Im Hochmittelalter entstanden: Gruppierungen (= Scharen) von Kaufleuten

d) Aus der Kaufmannshanse ging hervor: die Städtehanse

e) Ungefähr so viele Städte gehörten der Städtehanse zeitweise an: 200 Städte

f) Ein gleichbedeutendes Wort für „hänseln“ lautet heute: verspotten

g) Das war ehemals mit „hänseln“ gemeint: die Aufnahme(prüfung) in die (jeweilige) Hanse

2 Bauern, Handwerker und Kaufleute

Aufgabe:

a) Verglichen **b)** In **c)** Im **d)** Handwerker **e)** Die
f) Den **g)** Doch **h)** Auf **i)** Für **j)** Überfälle

3 Entstehung der Kaufmannshansen

Aufgabe: individuelle Lösungen

4 Die Ausdehnung der Kaufmannshanse

Aufgabe: individuelle Lösungen

5 Von der Kaufmannshanse zur Städtehanse

Aufgabe:

a) entwickelte **b)** existiert **c)** sprechen **d)** gelang **e)** bestimmen
f) erzielen **g)** zeigte **h)** profitierten **i)** ließen **j)** baute

6 Waren, mit denen Kaufleute der Hanse handelten

Aufgabe:

a) Bernstein **b)** Bier **c)** Fässer **d)** Fische **e)** Flachs
f) Fleisch **g)** Getreide **h)** Gewürze **i)** Glas **j)** Hanf
k) Holz **l)** Honig **m)** Kräuter **n)** Körbe **o)** Leder
p) Metalle **q)** Pech **r)** Pelze **s)** Salz **t)** Seide
u) Tücher **v)** Wachs **w)** Weihrauch **x)** Wein **y)** Wolle

7 Eine historische Karte übersetzt in die Gegenwart

Aufgabe: Die Karte zeigt den wichtigsten Wirtschaftsraum sowie die wichtigsten Seefahrtswege der Hanse auf. Es gab aber noch mehr Hansestädte wie Braunschweig, Lüneburg, Magdeburg …, die über Flüsse und Straßen in das Netz der Handelswege eingebunden waren.

Der Wirtschaftsraum zur See befand sich in der Hauptsache im Gebiet der Nord- und Ostsee. Er erstreckte sich von London im Westen bis nach Nowgorod im Osten. Damit der Warenaustausch über diese gesamte Strecke verlaufen konnte, war es nötig, das Stück von Hamburg bis Lübeck mit einem Kanal zu überbrücken, nämlich dem Stecknitz-Kanal. Wenn man diesen Kanal mit einbezieht, sieht man, dass Lübeck, Falsterbo und Danzig zentral liegen. Bedenkt man noch, dass es einige wichtige Hansestädte bzw. Handelsrouten auf dem mitteleuropäischen Festland gibt, und des Weiteren, dass die Stadt London ein wirtschaftliches Schwergewicht ist, so ist klar, dass Lübeck die Position der „Königin der Hanse“ einnimmt.

8 Geschichte live: Veits erste große Fahrt

Aufgabe: individuelle Lösungen

Lösungen

9 Koggen

Aufgabe 1: **a)** und **b)**

1	Das heutzutage wahrscheinlich bekannteste Symbol der Hanse sind die Koggen.
2	Sie sind auf den Siegeln zahlreicher Hansestädte dargestellt.
3	Als Koggen bezeichnet man Segelschiffe der Hanse mit gewöhnlich nur einem Mast.
4	Etwa im Zeitraum 1150-1450, so nimmt man an, wurden die allermeisten Koggen gebaut.
5	Die einen Koggen dienten als Handelsschiffe zum Transport von Waren.
6	Später gab es auch Koggen als Kriegsschiffe, sie besaßen u. a. Geschütze an Bord.
7	Zwar wurden die Koggen nicht einheitlich nach einem Standard hergestellt.
8	Doch typisch für Koggen war in der Regel, dass sie (relativ) hohe Bordwände sowie eine rundliche (= bauchige) Form hatten.
9	Von daher kommt möglicherweise auch die Bezeichnung Kogge: *kocho*, *kocha* (althochdeutsch); Kogge (mittelniederdeutsch) = Kugel.
10	Im Laderaum der Koggen ließen sich für damalige Zeit große Mengen an Waren auf dem Wasser befördern.

Aufgabe 2: individuelle Lösungen

10 Ein Spruch der Hanse

Aufgabe 1: Der Spruch sagt aus, welche Waren in den angeführten Hansestädten vor allem zu bekommen waren, worauf die einzelnen Hansestädte im Handel spezialisiert waren: Köln z. B. auf Wein, Danzig auf Getreide … Lübeck galt allgemein als „Kaufhaus“, viele Handelsgüter waren dort vorrätig.

Aufgabe 2:

11 Kontore und Faktoreien

Aufgabe 1: London → Großbritannien, Brügge → Belgien, Nowgorod → Russland, Bergen → Norwegen

Aufgabe 2: Kontore waren bedeutende Handelsniederlassungen (= Stützpunkte) der Hanse.

Aufgabe 3: Als Faktoreien bezeichnete man kleinere Handelsniederlassungen der Hanse.

12 Land- und Wasserwege

Aufgabe: individuelle Lösungen

13 Der Städtebund Hanse

Aufgabe 1: Der Städtebund Hanse war ein lockerer Zusammenschluss von Handelsstädten. Es gab kein fest umrissenes Vertragswerk, lange Zeit keine schriftliche Verfassung. Ziele der Hanse waren hauptsächlich:
- der Schutz des Handels,
- die Förderung des Handels,
- die Erzielung möglichst hoher wirtschaftlicher Gewinne.

KOHL VERLAG Die Hanse – vom Mittelalter zur Neuzeit - Bestell-Nr. 12 954

Lösungen

13 Der Städtebund Hanse

Aufgabe 2: In den Hansestädten waren wohlhabende Kaufleute oft einflussreich. Großkaufleute besaßen auch politische Macht. Sie waren an der Regierung der jeweiligen Stadt zumindest mitbeteiligt.

14 Kaufleute

Aufgabe:

a) Es stimmen: 2, 3, 5, 8, 9

b) zu 1: Die Kaufleute der Hanse handelten überwiegend nicht mit selbst hergestellten Waren.
zu 4: Das Umrechnen verschiedener Währungen war mit Problemen verbunden.
zu 6: Geldgeschäfte wurden in der Hanse auch ohne Bargeld gemacht.
zu 7: In der Finanzwirtschaft wie auch sonst ist ein Schuldschein nicht identisch mit einem Wechselbrief.
zu 10: In den damaligen Hansestädten war das Bankwesen überhaupt nicht verbreitet.

15 Ehrbare Kaufleute?

Aufgabe: individuelle Lösungen

Test I bzw. Quiz I

1) Gruppe, Schar, Menge
2) die Aufnahme(prüfung) in die jeweilige Hanse
3) – Förderung des Handels; – Schutz vor Überfällen; – …
4) die Kaufmannshanse
5) Ostsee und Nordsee
6) Fischen, Getreide, Metallen, Textilien …
7) Lübeck als „Kaufhaus“, Köln als „Weinhaus“, Hamburg als „Brauhaus“
8) Schiffe der Hanse mit (relativ) hohen Bordwänden und runder Form
9) London, Brügge, Nowgorod, Bergen
10) kleinere Handelsniederlassungen der Hanse
11) Fuhrwerke
12) Waren gegen Waren oder Waren gegen Geld
13) eine schriftliche Verpflichtung zur Zahlung einer Geldsumme
14) Oberschicht/Patriziat
15) „ehrbaren Kaufmann“

16 Die „Blütezeit“ der Hanse

Aufgabe: individuelle Lösungen

17 Hansestädte

Aufgabe: individuelle Lösungen

18 Die Hansestadt Lübeck

Aufgabe:

a) Zunächst war Lübeck eine Siedlung slawischer Kaufleute.
b) Die Stadt Lübeck wurde erstmals im Jahr 1143 gegründet.
c) Zur Neugründung der Stadt Lübeck kam es 1159.
d) Der Herzog von Sachsen (= Heinrich der Löwe) gründete die Stadt Lübeck neu.
e) Lübeck liegt an der Trave, die in die Ostsee mündet.
f) Um 1300 lebten ca. 25.000 Menschen in Lübeck.
g) Damals war Lübeck die Stadt mit den zweitmeisten Einwohnern im Heiligen Römischen Reich Deutscher Nation.
h) Lübeck ging in die Geschichte ein als: „Hauptstadt der Hanse“, „Königin der Hanse“ sowie „Kaufhaus der Hanse“.
i) Durch den Stecknitz-Kanal wurden die Trave und die Elbe miteinander verbunden.
j) Das heute bekannteste Wahrzeichen von Lübeck ist das Holstentor.

Lösungen

19 Die Hansestadt Hamburg

Aufgabe: individuelle Lösungen

20 Methoden der Hanse

Aufgabe: individuelle Lösungen

21 Klaus Störtebeker

Aufgabe 1: individuelle Lösungen

Aufgabe 2: individuelle Lösungen

22 Aus dem Leben eines Kaufmanns

Aufgabe: individuelle Lösungen

23 Der Niedergang der Hanse

Aufgaben 1+2:

1	Im 15. Jahrhundert begann der Niedergang der Hanse und setzte sich dann weiter fort.
2	Jene Entwicklung verlief über einen sehr langen Zeitraum, der über den Dreißigjährigen Krieg (1618-1648) hinweg dauerte.
3	Der Bedeutungsverlust der Hanse war also ein langsamer, allmählich ablaufender Prozess.
4	Zum einen gab es dafür externe Gründe, das heißt sie gingen von außerhalb der Hanse aus.
5	Im Weiteren waren für den Verfall der Hanse auch interne Gründe (= innerhalb der Hanse) verantwortlich.
6	Die Hanse versuchte, dem angesprochenen Prozess (noch) entgegenzuwirken.
7	Mitte des 16. Jahrhunderts (1554/1557) erklärte sich die Hanse zu einer Confoederatio, gab sich erstmals schriftlich eine Verfassung (bestehend aus 10 Artikeln) und schuf das Amt eines Geschäftsführers (≈ Syndicus genannt) in ihrer Organisation. *confoederatio* (lat.) = Bündnis, Bund; *syndikos* (griech.) = gerichtlicher Beistand
8	Doch dadurch wurde der Niedergang der Hanse nicht verhindert.
9	Im Jahr 1669 fand in Lübeck der letzte Hansetag der historischen Hanse statt.
10	An dieser Versammlung nahmen nur noch Teilnehmer aus wenigen Hansestädten teil.
11	Danach blieb lediglich der Dreibund Lübeck – Hamburg – Bremen bestehen.
12	Dieser Dreibund übernahm formal das Erbe der Hanse und war allenfalls ihr Nachlassverwalter.

24 Gründe des Niedergangs der Hanse

Aufgabe: Verschiedene Gründe führten im Zusammenwirken zum Niedergang der Hanse. Zum einen trugen das nationale Bewusstsein sowie das Erstarken anderer Staaten (England, Dänemark, Schweden, Norwegen, Polen ...) sowie die zunehmende Konkurrenz durch ausländische Kaufleute zum Niedergang der Hanse bei. Ebenfalls der Machtgewinn deutscher Territorialfürsten, die fehlende Unterstützung durch den jeweiligen Kaiser im Heiligen Römischen Reich Deutscher Nation für die Hanse und der Zusammenbruch des Deutschen Ritterordens spielten beim Niedergang des Städtebündnisses Hanse eine Rolle.

Im Weiteren steuerten die konservative wirtschaftliche Einstellung und mangelnde Innovationen in der Hanse zum Abstieg bei. Die Hanse war zu sehr ausgerichtet auf den Zwischenhandel, eigene Produktionen wurden nicht wesentlich vorangetrieben. Immer mehr machten sich Einzelinteressen in den Hansestädten bemerkbar. Unruhen und/oder Zerstörungen durch die Reformation und/oder den Dreißigjährigen Krieg wirkten sich negativ für die Hanse aus. Durch die Entdeckung Amerikas (1492) und den Dreißigjährigen Krieg (1618-1648) verlagerten sich die Haupthandelswege nach Westen.

25 Geschichte auf Bildern

Aufgabe: individuelle Lösungen, z. B.:

a) Die Hansekogge ist heutzutage das wohl bekannteste Symbol der Hanse. Bei Koggen handelt es sich um Schiffe mit (verhältnismäßig) hohen Bordwänden und runden Formen. Der Laderaum der Schiffe war für die damalige Zeit groß.

Lösungen

25 Geschichte auf Bildern

Aufgabe:

b) Lübeck war das Zentrum der Hanse. Die Stadt galt u. a. als „Hauptstadt der Hanse" und „Königin der Hanse". Das bekannteste Wahrzeichen von Lübeck ist das Holstentor, das in der 2. Hälfte des 15. Jahrhunderts erbaut wurde.

c) Störtebeker ist ein sagenhafter Mann aus der Hansezeit. Gesagt wird, er sei ein Anführer von Seeräubern gewesen. Im Jahr 1401 soll er in Hamburg geköpft worden sein. Ob dies stimmt, ist aber sehr umstritten.

d) Auf dem Land erfolgte der Transport von Waren in der Regel per Fuhrwerke, gezogen von Pferden. Oft waren mehrere Fuhrwerke zusammen unterwegs, wiederholt begleitet von bewaffneten Personen. Dies geschah, um möglichst Überfälle verhindern zu können.

26 Beurteilungen über die Hanse

Aufgabe:

a) A. Merkel meint, die Hanse sei ein Vorreiter für die Europäische Union (EU). Von der Hanse könne man lernen, dass man gemeinsam stärker ist und mehr schafft als durch Alleingänge.

b) H. Kümper bezweifelt, dass Kaufleute der Hanse wirklich ehrenwerte Personen gewesen seien. Er vergleicht Kaufleute der Hanse mit Mitgliedern der Mafia (= einer erpresserischen Geheimorganisation). Nach Ansicht von H. Kümper verhielten sich vermutlich so manche Hansekaufleute ähnlich „ehrenwert" wie Mafiamitglieder.

c) individuelle Lösungen

d) individuelle Lösungen

27 Die Hanse heute

Aufgabe: individuelle Lösungen

Test II bzw. Quiz II

1) 1250-1400
2) kam es zum Frieden von Stralsund, der die Rechte der Hanse(städte) bestätigte
3) eine Bauweise während der „Blütezeit" der Hanse
4) 200 Hansestädte
5) Hansetage
6) – „Hauptstadt der Hanse"; – „Königin der Hanse"; – „Warenhaus der Hanse"
7) Die Hanse verhängte Handelsboykotte gegen Widersacher.
8) ein Anführer von Seeräubern gewesen sein
9) – zunehmende Konkurrenz für die Hanse durch ausländische Kaufleute;
– Erstarken deutscher Territorialherrscher;
– zunehmende Einzelinteressen von Hansestädten
10) 1669 in Lübeck
11) 1980 in Zwolle
12) Hanse der Neuzeit
13) freiwillige Städtegemeinschaft auf der Erde
14) Lübeck
15) FC Hansa Rostock

Arbeit

Aufgabe: Individuelle Lösungen

Lösungen

29 Die Hanse – ein möglicher Text für ein Lexikon

Aufgabe: individuelle Lösungen, z. B.:

Die Hanse

Wortherkunft: hansa (germ., ahdt.) = Gruppe, Schar, Gefolge, Menge.

Hansen waren ab etwa dem Hochmittelalter zunächst u. a. Vereinigungen von Kaufleuten. Daraus entwickelte sich später das lockere Städtebündnis der Hanse (= Städtehanse) im Ostsee- und Nordseeraum sowie darüber hinaus. Die Verbreitung des Christentums durch den Deutschen Ritterorden an der Ostseeküste weiter nach Osten erschloss weitere Städte für die Hanse. An den Küsten sowie im Binnenland bildeten sich insgesamt ca. 200 Hansestädte. Wichtigste Hauptniederlassungen (= Stützpunkte) der Hanse außerhalb des Heiligen Römischen Reiches Deutscher Nation befanden sich in London, Brügge, Nowgorod und Bergen. Lübeck wurde zum Zentrum (= „Königin") der Hanse.

Hauptzielsetzungen der Hanse waren der Schutz und die Förderung des Handels (u. a. des Fernhandels) sowie finanzielles Gewinnstreben. Die Hanse erlangte wirtschaftliche und politische Macht. Wohlhabende, reiche Kaufleute gehörten in den Hansestädten zur Oberschicht (= Patriziat) und übten Einfluss bzw. Macht aus. Die „Blütezeit" der Hanse reichte von etwa 1250 bis 1400, danach kam es mehr und mehr zum Niedergang dieser Organisation. Vielfältige Gründe führten dazu: das Erstarken anderer Staaten, zunehmende Konkurrenz für die Hansekaufleute durch ausländische Kaufleute, der Machtgewinn deutscher Territorialherrscher, die Zunahme der Einzelinteressen von Hansestädten, die Verlagerung der Haupthandelswege nach Westen durch die Entdeckung Amerikas (1492) und aufgrund des Dreißigjährigen Krieges (1618-1648) …
Der letzte Hansetag der historischen Hanse fand 1669 in Lübeck statt.

1980 erfolgte in der niederländischen Stadt Zwolle die Neugründung der Hanse (= Hanse der Neuzeit). Die Neue Hanse bildet die größte freiwillige Städtegemeinschaft auf der Erde.

30 Kreuzworträtsel Nr. 1

Aufgabe:

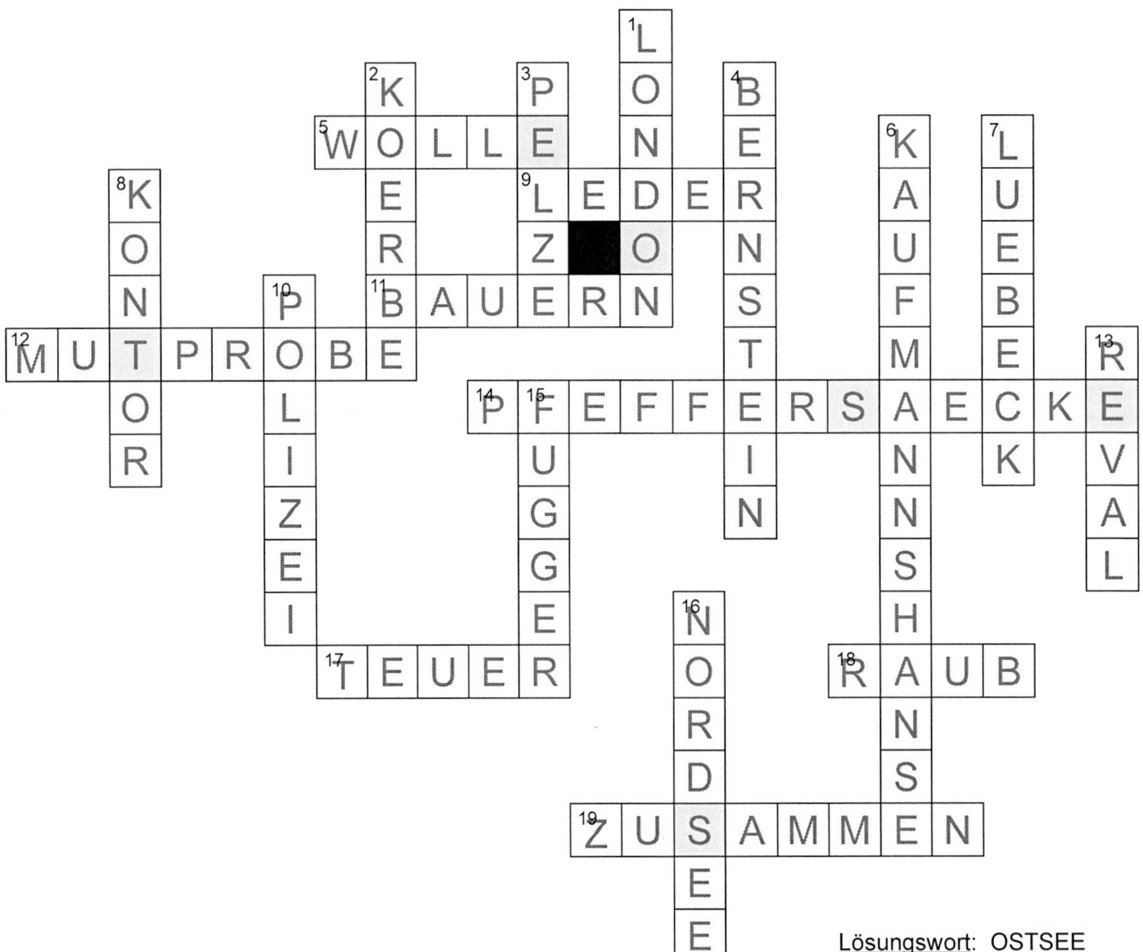

Lösungswort: OSTSEE

KOHL VERLAG Die Hanse – vom Mittelalter zur Neuzeit - Bestell-Nr. 12 954

Lösungen

31 **Kreuzworträtsel Nr. 2**
Aufgabe:

Lösungswort: HANDEL

KOHL VERLAG Die Hanse – vom Mittelalter zur Neuzeit - Bestell-Nr. 12 954

Klasse 5 6 7 8 9 10 11-13

Gesellschaftswissenschaften

Wolfgang Wertenbroch

Jüdisches Schicksal

Keine Verfolgung mehr, aber .....

*Juden wurden von Deutschen ausgegrenzt, verfolgt und in Konzentrationslagern getötet. Darüber sollen die Schüler informiert werden, obwohl in unserem Land keine Juden mehr verfolgt werden. Allerdings gibt es nach wie vor Rassismus und Fremdenhass - und auch Antisemitismus in unserem Land. In diesem Band werden die Schüler*innen sachbezogen über dieses gesellschaftliche Problem informiert – um ähnliches Verhalten zu vermeiden.*

48 Seiten	12 783	ab 12,49 €

7 8 9 10 11-13

Bandi Koeck

HOLOCAUST

Fakten & Entwicklungen zur Shoah

Informative und sachliche Texte, Grafiken und vielfältige Darstellungen zeigen neben motivierenden Aufgabenstellungen die Geschichte des Völkermordes an über 6 Millionen Menschen in der Zeit des Nationalsozialismus auf. Die verständliche und aufbauende Aufbereitung liefert wichtige Einblicke in das dunkelste Kapitel der deutschen Geschichte.

FARBIG	64 Seiten	11 767	ab 19,99 €	PDF plus

5 6 7 8 9 10 11-13

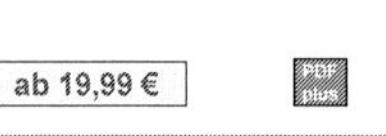

Anette Pölert-Klassen

Nationalsozialismus - *Neonationalismus*

Die Zeitzeugin Karla Raveh, 1927 in Lemgo geboren, begleitet in diesem außergewöhnlichen Band die Geschichte des Nationalsozialismus bis zum Tag der Befreiung. Berichte, Fotos und Dokumentationen bei differenzierenden Aufgabenstellungen lassen dieses Kapitel der deutschen Geschichte neu erleben und sorgen für das Prädikat „Besonders empfehlenswert!"

96 Seiten	11 917	ab 19,99 €	PDF plus

5 6 7 8 9 10 11-13

Bandi Koeck

Zweiter Weltkrieg

Eine Gegenüberstellung deutscher, alliierter & schweizer Positionen. Die Positionen der verschiedenen Länder stehen dabei im Vordergrund. Die Schweiz als neutrales Element erlaubt eine andere Sichtweise als die Alliierten oder gar Nazi-Deutschland. So werden die Fakten kritisch hinterfragt und bringen einen anderen Blickwinkel und das Betrachten aus verschiedenen Positionen näher.

72 Seiten	12 174	ab 14,49 €

8 9 10 11-13

Kurt Schreiner

Stauffenberg ... und andere

Geplante Attentate auf Hitler

In diesem Band werden die gescheiterten Attentate auf Adolf Hitler näher betrachtet. Spannend ist, welche Hintergründe diese Attentäter antrieben und aus welchen, oftmals absurden Gründen, sie ihr Ziel nicht erreichten. Umfangreiches Material, das dem Widerstand gegen Hitler ein Gesicht gibt!

72 Seiten	12 042	ab 14,49 €

8 9 10 11-13

Birgit Lascho

Leben an der innerdeutschen Grenze

Deutsch-deutsche Erinnerungen

Leben mit der Berliner Mauer und innerdeutschen Grenze zur Zeit der deutschen Teilung - Texte, Bilder & Karten zeigen anschaulich, wie es während der deutschen Teilung auf beiden Seiten der Grenze war. Die Kopiervorlagen schildern anschaulich den damaligen Alltag.

92 Seiten	11 672	ab 15,99 €

7 8 9 10 11-13

Anni Kolvenbach

Griechen, Römer, Steinzeit

Der Geschichtsunterricht sollte anschaulich gestaltet sein, damit Personen und Lebensweisen aus Vorzeiten begriffen werden. Auf diese Weise sind diese drei spannenden Epochen der Menschheit aufbereitet und bereit für Ihren Unterricht.

FÖ INK 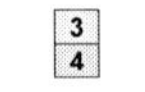

Griechen	12 695	
Römer	12 694	je 32 Seiten
Steinzeit	12 714	ab 11,99 €

3 4

K. Schreiner, V. Weimann, M. Müller, B. Mergen, F. Heitmann & Autorenteam Kohl-Verlag

Stationenlernen Geschichte

- Individuelles Lernen
- Differenzierung
- Motivation

Diese Unterrichtsreihe eignet sich hervorragend für heterogene Lerngruppen. Drei verschiedene Niveaustufen bieten Differenzierung innerhalb der Gruppe. Die Stationen sind im A5-Format gehalten. Auf den Rückseiten befinden sich die Lösungen. Diese können aber auch an einem separaten Ort ausgelegt werden oder ganz bei der Lehrkraft verbleiben. Das Material hält viele Varianten bereit.

Seiten	Titel	Best.-Nr.	Preis
64 S.	Steinzeit	11 702	ab 13,49 €
64 S.	Mittelalter	11 686	ab 13,49 €
64 S.	Industrialisierung	11 786	ab 13,49 €
64 S.	Französische Revolution	11 802	ab 13,49 €
64 S.	Entdecker & Abeuteurer	11 847	ab 14,49 €
64 S.	Die alten Römer	11 800	ab 14,99 €
64 S.	Die alten Griechen	11 938	ab 14,49 €
64 S.	Frühe Hochkulturen	11 801	ab 14,49 €
64 S.	Erster Weltkrieg	11 687	ab 13,49 €
64 S.	Zweiter Weltkrieg	11 685	ab 14,99 €
64 S.	BRD und DDR	11 731	ab 14,49 €
64 S.	Kalter Krieg	11 887	ab 14,99 €
64 S.	Dreißigjähriger Krieg	12 025	ab 14,49 €
64 S.	Die Germanen	12 027	ab 13,49 €
64 S.	Die alten Ägypter	12 028	ab 14,99 €
64 S.	Imperialismus	12 097	ab 14,99 €
64 S.	Absolutismus	12 098	ab 14,49 €
64 S.	Bedeutende Erfindungen	12 188	ab 13,49 €
76 S.	Nationalsozialismus	12 272	ab 16,49 €
72 S.	Die Weimarer Republik	12 341	ab 14,99 €
64 S.	Der Aufstieg Chinas	12 539	ab 14,49 €
80 S.	Geschichte Deutschlands Band 1: *Von den Anfängen bis zur Franz. Rev.*	12 540	ab 15,99 €
96 S.	Geschichte Deutschlands Band 2: *Von der Franz. Revolution bis heute*	12 618	ab 17,49 €
80 S.	Geschichte der Raumfahrt	12 785	ab 15,99 €
80 S.	Kolonialismus	12 786	ab 16,49 €

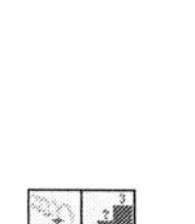

5 6 7 8 9 10

Autorenteam Kohl-Verlag

NEU ab April

Stationenlernen Frühe Neuzeit

Die einzelnen Glanzpunkte dieser Umbruchszeit, Entdeckung Amerikas, weitere Seefahrten in die Ferne, die Darstellung individueller Menschen in der Kunst, Buchdruck ..., werden auf einzelnen Karten so präsentiert, dass sie Lust auf mehr machen: Karte für Karte erarbeitet man sich das historische Bild dieser Zeit. Und es gibt immer wieder auch für schwächere Schüler die Möglichkeit, bei dem neuen Thema zunächst mit einem einfachen Schwierigkeitsgrad einzusteigen. So reißt der so wichtige Motivationsfaden nicht ab.

80 Seiten	12 958	ab 16,49 €

5 6 7 8 9 10

Autorenteam Kohl-Verlag

NEU ab April

Stationenlernen Die Hanse

Das Thema „Hanse" bietet viele spannende Themen: die Gefahren für einfachste Schiffe durch Stürme, Piraten ... oder die faszinierenden Waren wie edle Tuche und Spitzen, Felle und Pelze. Beim Gedanken an Nord- und Ostsee, wo die Händler und Städte der Hanse aktiv waren, kommen Feriengedanken auf. Die Aufteilung des Stoffes auf Karten spricht die Sammelleidenschaft vieler Kinder an, besonders bei dem auch durch Bilder ansprechenden Thema. Und sich selbst etwas mit dem richtigen Niveau auszusuchen, schafft eine angenehme Grundstimmung.

80 Seiten	12 959	ab 16,49 €

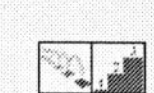

5 6 7 8 9 10

Autorenteam Kohl-Verlag

NEU ab Mai

Stationenlernen Kommunismus

Die historischen Ereignisse und Perspektiven zu dieser Gesellschaftsform sowie die Gegenüberstellung der Theorie von Karl Marx mit der praktischen Umsetzungen in der Realität einigermaßen fair zu meistern, ist eine Herausforderung. Dafür braucht jeder Schüler einig Geduld; deshalb werden ihm an Stationen immer nur kleine und seinem momentanen Niveau angemessene Portionen präsentiert. Dabei regt die Selbstkontrolle die Verantwortung der Schüler an. Über konkrete wissensorientierte Aufgaben hinaus wird er auch dazu angeregt, sich selbst Gedanken über das Leben in kommunistischen Staaten zu machen.

80 Seiten	12 960	ab 16,49 €

5 6 7 8 9 10